الشامل

في

تدريس اللغة العربية

مطالعة قواعد صرف بلاغة
أدب نصوص إملاء تعبير

تأليف

د.علي النعيمي

دار أسامة للنشر والتوزيع
الأردن

الناشر

دار أسامة للنشر والتوزيع

الأردن – عمان

هاتف: 5658253 –فاكس 5658254 – تلفاكس 4647447

ص.ب141781

حقوق الطبع محفوظة للناشر

الطبعة الأولى

2004م

المقدمة

نظراً لاختلاف أساليب تدريس مواد اللغة العربية على الصعيد المحلي والصعيد القومي، ونظرا لما يعتري هذه الطرائق من اختلاف في وجهات نظر أصحابها، ونظرا لارتباط هذه المادة بأساسية التدريس الأدبي والعلمي في مدارسنا العربية، كان هذا الكتاب ليوضح أساليب وطرائق الاختلاف في تقديم هذه المادة لطلابنا في جميع أعمارهم الدراسية وعلى مختلف قدراتهم وذكائهم وإمكاناتهم.

وقد حفل هذه الكتاب بدراسات شاملة لكل فروع اللغة العربية من قواعد وصرف وبلاغة وتعبير وأدب ونصوص، مقدمين الجوانب الضرورية والهامة في تفصيل هذه الفروع، مع وضع الطرائق المناسبة لكل مادة على حدة.

كما رأينا أن نقدم أمثلة ونصوصاً لكل مادة، وشرحنا كيفية وصول هذه المعلومات للمتلقين من الطلاب في جميع مراحل الدراسة وعلى مختلف مستوياتهم وقدراتهم.

وفي الوقت نفسه جعلنا فصول هذا الكتاب محوراً للنقاش الهادف البناء بين المعلم وتلميذه، والموجه التربوي والمشرف عليه، من خلال مجموعة من الاستفسارات والاستنتاجات التي بنيت على حقائق علمية مدروسة رأينا فيها مصلحة أبنائنا الطلاب واكتملت عندنا الصورة الجملية عندما عقدنا حلقات درس حقيقية وكأننا في حصة واقعية أمامنا التلاميذ، وأدواتنا السبورة والطباشير ومجموعة الأفكار التي دخلنا بها غرفة الدرس، إضافة إلى دفتر التحضير الذي كان الأساس في طرحنا لما يدور في حلقة الفصل.

وقد بينا في دفتر التحضير وسائل التحضير وأهداف الدرس عامة وخاصة وأهمية الموضوع، وطرائق عرض الأفكار كل ذلك من خلال ما نحمله في يدنا عندما ندخل الفصل المقرر.

كما قدمنا الكثير من خطط التدريس بشرح مفصل وافٍ ليكون زاداً نافعاً لكل مربٍ أراد أن يصل بما لديه من علم لمنفعة تلامذته.

ولا أدعي الفضل فيما قدمت، فإنني أؤكد بأن هذا الكتاب فيه من الفائدة الكبيرة والمنفعة العظيمة لكل مدرسي العربية أينما كانوا.

نسأل اللـه التوفيق لنا ولهم

المؤلف

الفصل الأول

طرائق تدري اللغة العربية (نبذة تاريخية)

- أهداف تدريس اللغة العربية

  أ. الأهداف العامة والخاصة

  ب. الأهداف السلوكية

- وظيفة اللغة للفرد والمجتمع وبناء الحضارة الإنسانية

- أهمية اللغة العربية.

طرائق تدريس اللغة العربية (نبذة تاريخية)

يذكر تاريخ التربية منذ أقدم العصور أن المحاكاة أو المحاولة أو الملاحظة هي أول طريقة استخدمها الإنسان البدائي في عملية التعلم والتعليم، وكان أفراد الأسرة يتعلمون بصورة غير مباشرة مهنة أبيهم، وبها يعمل معلم الحرفة تلاميذه.

فالطريقة بدأت سطحية بسيطة ثم أخذت تتطور شيئا فشيئاً إذ كانت مقتصرة على المجال المادي (العملي) ثم امتدت إلى المجال (العقلي) وقد عرفت الطريقة عند قدماء المصريين إذ اعتمدوا مثلا المشوقات الحسية في تعليم الحساب وكان لكل من سقراط وأفلاطون وأرسطو طريقته الخاصة، بل كان لكل منهم مدرسته.

وعندما ظهرت المدارس وتنوعت اتجاهاتها،وصار التعليم تدريسا له مدرسون ومعاهده تطورت الطريقة معه، إلا أنها لم تخرج كثيرا عن دائرة التلقين والإلقاء والمناقشة والحوار، ففي منتصف القرن السادس الميلادي اعتمدت التربية الكنسية على الأسلوب الروحي التأثيري.

أما التربية الإسلامية التي ظهرت في القرن السادس الميلادي في المشرق العربي، في وقت كانت فيه أوروبا تعيش في ظلام القرون الوسطى فقد اعتمدت كل النشاطات والقيم الخاصة بالمتعلم إذ انها نبذت نبذا تاما كل صور التقليد الأعمى واعتمدت التعليم على أساس الخبرة لأن أخلاق الإنسان لا تتكون عمليا إلا بأفعال يمارسها إلى جانب الوعظ والحفظ.

وللمربين المسلمين أراء كثيرة في الطريقة التعليمية، من ذلك ما دعا إليه الغزالي (453هـ-505) من (أن يُقتصر بالمتعلم على قدر فهمه، فلا يُلقي إليه المعلم ما لا يبلغه عقله فينفر منه وألا يلقي إليه إلا الجلي اللائق به، ولا يذكر له أن من وراء هذا تدقيقا وهو يدخره عنه، فإن ذلك يُفتر رغبته في الجلي ويشوش عليه قلبه).

وبعد اجتياز أوروبا القرون الوسطى ودخولها عصر التنوير، وما بعد ظهرت عدة نظريات أخذت تتبلور في طرائق واضحة المعالم منها: طريقة التربية الطبيعية لروسو (1712-1778م) وطريقة استخدام الحواس للمربي السويسري بستالوتزي

(1746-1827م) وطريقة الملاحظة والمحاولة واللعب للمربي الألماني الذي تنسب إليه رياض الأطفال فروبل (1782-1852م) وطريقة هربارت الألماني (1772-1841م) ذات الخطوات الخمس، وطريقة حل المشكلات للفيلسوف والمربي الأمريكي جون ديوي (1859-1952م).

وهناك أيضا طريقة المشروع، وطريقة الوحدات وغير ذلك، وبهذه المحاولات المتتابعة والبحوث والتطبيقات العملية أصبح التدريس في القرن العشرين علما قائما بذاته، مرتكزاً على نتائج دراسات وأبحاث علم النفس والتربية والمناهج والاجتماع، والإشراف والإدارة ووسائل وتقنيات التعليم.

إذ أصبحت طرائق التدريس علما متميزا قائما على استخدام الأساليب النفسية والتربوية، وعلى نتائج ودراسات وأبحاث مادة أصول التدريس نفسها.

واستنادا إلى ما تقدم فإن الطريقة الجيدة يجب ان تستند إلى:

- علم النفس لدراسة الميول، ومراحل النمو، والقابليات، وطرائق التفكير.
- طرائق التعلم وقوانينه: التعلم بالعمل، بالملاحظة والمشاهدة بالتبصير، بالتجربة والخطأ، والاعتراف بالاولاع، والتعلم بالخبرة والتجربة، والاستعداد والتمرين، والتأثير والاستعمال.
- مراعاة صحة الطالب العقلية والبدنية: عدم التخويف، وتنمية الانضباط الذاتي وخلق رغبة في العمل بالتعاون.
- مراعاة طبيعة مادة الدرس، وطبيعة المواضيع الدراسية.
- استخدام وسائل الإيضاح.
- القدرة على التكيف (المرونة).
- شخصية المدرس وابداعه وابتكاره إذ أن شخصية المدرس تتجلى في طريقته، وفي أعماله الأخرى.

أهداف تدريس اللغة العربية

أ - الأهداف العامة من تعليم اللغة العربية:

ونعني بهذه الأهداف، ما يتحقق بتدريس اللغة العربية بالاشتراك مع المواد الدراسة الأخرى، وتشمل الغايات المنبثقة عن مرامي التوجيه الوطني والقومي لتكون مواطن الصالح المتفاعل مع بيئته ومجتمعه وأمته ومنها:

1- تثبيت الايمان بالله، وبالمثل الإنسانية العليا، وتوكيد القيم الروحية التي تدعو إليها الأديان السماوية.

2- غرس حب اللغة العربية في نفوس المتعلمين، وتنمية شعورهم بالاعتزاز بها، بوصفها عنصرا قوياً من عناصر تكوين شخصية الإنسان العربي، ومقوما أصيلا من مقوماته، وإنها من أهم روابط القومية العربية ودعامة أساسية من دعائم وحدتنا المنشودة.

3- تبصير المتعلمين بأهمية تراثنا العربي الخالد، وبما كان له من أثر كبيرة في بناء صرح الحضارة الإنسانية، لكي ترسخ في نفوسهم ثقتهم بأمتهم وبمقدرتها على رفد التيار الحضاري المعاصر.

4- تنمية روح المواطنة الصالحة في نفوس الناشئة، وما تنطوي عليه من حب الوطن والولاء له والتضحية من أجله.

5- تعميق روح الانتماء إلى الأمة العربية بكل ما يربط هذه الأمة من مقومات ومصالح مشتركة في الدين واللغة والثقافة والتاريخ والمصير الواحد، وتمكين المتعلمين من مواجهة التحديات المتمثلة في الصهيونية والشعوبية والإمبريالية.

6- تأكيد إنسانية القومية العربية وطابعها التحرري، وغرس الإيمان بالوحدة

العربية والتبصير بأثرها في الحفاظ على كيان الأمة وضمان مستقبلها وتقدمها.

7- تعويد المتعلمين الخصال العربية الخالدة من شجاعة وكرم وبطولة ونجدة واباء للظلم والطغيان.

8- بث الوعي الثوري بين المتعلمين، لتكوين المواطن الثوري الذي يرفض التخلف بشتى وجوهه، ويملك إرادة التغيير ويربط حياته بمستقبل أمته ومصيرها.

9- العناية بالفكر الإنساني وتأكيد الانفتاح الحضاري وغرس فكرة التساند الدولي والتعاون بين الشعوب لتحقيق السلام العالمي العادل.

10- ترسيخ مبادئ الديمقراطية التي تحقق التفاعل الخلاق بين الفرد والأمة وتعيد تنظيم العلاقات الاجتماعية على أسس جديدة وتطلق طاقات الإبداع.

11- تقويم ألسنة الطلبة والعمل على تضييق الشقة بين اللغة العامية التي تصطنعها الجماهير في الحياة اليومية، واللغة الفصيحة التي هي لغة العلم والأدب والتدوين والتراث.

12- تمكين الطلبة من استعمال اللغة العربية، استعمالا صحيحا في التعبير عن مطالبهم الحياتية والفكرية.

13- تأكيد جمالية لغتنا وتنمية قدرات المتعلمين على إدراك هذه الجمالية واستشفافها مما يقرؤون من شعر أو نثر.

14- توثيق صلة المتعلمين بالتراث العربي والعمل على تسريب المهارات اللغوية إلى نفوسهم وعقولهم بقراءة روائع الشعر والنثر وتذوقها.

15- تبصير المتعلمين بأن لغتنا، لغة حية عريقة، حاولت الأحداث وقارعت الخطوب وأسهمت في إثراء الحضارة الإنسانية، وتعلمها عدد كبير من أبناء الأمم الأخرى في القديم والحديث اعترافاً بمنزلتها، وتقديراً لجمالها وروعتها ووفرة ما تعبر عنه من علوم ومعارف.

ب- الأهداف السلوكية:

من المعلوم أن أحسن الأعمال ما أتجه نحو أهداف واضحة تعكس إرادة صاحبها واختياره واستعداده لتحمل مسؤولية نتائج الأعمال.

وعليه فإن الأهداف السلوكية تكون عبارة عن الأهداف التعليمية أو الغايات المحددة بوصفها معياراً للسلوك الفعلي أو الوصف الملاحظ للسلوك القابل للقياس[*].

فكلما كانت الأهداف واضحة ومباشرة كان بالإمكان ملاحظتها وقياسها وبالتالي تكون أكثر نفعا في التدريس، وهذا ما يصطلح عليه بالأهداف السلوكية فهي تعبر عن نمط سلوكي أو أداء يظهره الطالب أو التلميذ بعد ممارسته للنشاط المصمم للدرس في ضوء ذلك الهدف أو في تلك الأهداف.

أما الأهداف التربوية كما تقدم فهي أهداف عامة في التدريس تشتق من الفلسفة الاجتماعية والسياسية لقطر معين، وهي بالتأكيد المصدر الذي تشتق منه الأهداف السلوكية.

إن حاجة المدرس بالدرجة الأساس هو أن يصبح قادرا على أن يعرف المادة العلمية مثلما يعرف الفلسفة الاجتماعية والسياسية لبلده.

والأهداف التربوية العامة إذ أنه ما عرف ذلك تمكن من اشتقاق الأهداف السلوكية لمادته بل ربما لموضوعه في درس معين، ومثال ذلك: هناك هدف تربوي عام ذكر في اهداف التدريس العامة وهو (تنشئة جيل واع مؤمن بالله تعالى ومحب لوطنه...) يقابل هذا الهدف هدفان سلوكيان مشتقان منه وهما:

1- أن يمارس الطلبة تمسكهم بفضائل الرسالات التي اختارها اللـه تعالى لسعادة عباده.

2- أن يظهر الطلبة فخرهم واعتزازهم بوطنهم والتضحية في سبيله.

---

[*] المنهج والكتاب المدرسي، ص 40 د. منى بحري وعايف حبيب.

وظيفة اللغة للفرد والمجتمع وبناء الحضارة الإنسانية

تعد اللغة من الوسائل التي تربط الأفراد والجماعات والشعوب فبها يتم تنظيم المجتمع الإنساني. ودرست اللغة في ضوء الحياة الاجتماعية عند نشوء المدرسة اللغوية في اوائل القرن العشرين، إذ أكد لويس في كتابه (اللغة والمجتمع) تغلغل اللغة في كل شؤوننا العامة والخاصة. ورأى أن هناك قوتين تؤثران في اكتساب الطفل للغة، الأولى تدفعه وتلقي به في أحضان المجتمع الذي ينتمي إليه كي يصير عضوا فيه متحسساً ومعاوناً أفراده، وهذه القوة تسمى القوة الجاذبة. أما الثانية فتسمى بالقوة الطاردة إذ تمنعه من ذلك المجتمع ليحتفظ بكيانه الشخصي واستقلاله. ولهاتين القوتين التأثير نفسه في الشعوب، فالأولى تجعل الشعوب مجتمعا إنسانيا مترابطا والثانية تدفع كل شعب لأن يحتفظ بكيانه واستقلاله. ولكن الغلبة للأولى فهي التي تجعل من الأفراد مجتمعا واحدا، ومن الشعوب مجتمعاً إنسانياً عالياً ويرى لويس أيضا أن اللغة تؤدي وظيفتين بالنسبة إلى الفرد والمجتمع:

فالأولى بمثابة العملة التي تحقق أغراضهم وتقضي حاجاتهم اليومية.

والثانية تنفيسية يلجؤون إليها عند الكلام لذات الكلام كالحديث الهاتفي والتحية مثلا، وقد ترقى هذه الثانية إلى الآثار الأدبية لتعبر عن الجمال والتأثير في قلوب الآخرين ونفوسهم.

إن الإنسان في المجتمع الحديث لا يتوقف اكتسابه للغة إلا بانتهاء الحياة. فاللغة في نمو وتطور، وذلك لشيوع الوسائل التي تعمل على هذا النمو والتطور، و من بينها الإذاعة والسينما والصحف، فضلا عن سهولة الاتصال بين المجتمعات، فالقادة وجدوا في اللغة الوسيلة الأساسية في استمالة الناس وأحاسيسهم، وهي عندهم خير منظم لشؤون الدولة الكثيرة.

وفي هذا الصدد أصر (ماكس مولر) على أن وظيفة الكلمات لا تقوم بنقل الأفكار نقلا مجردا وإنما وظيفتها التأثير في أفكار الآخرين، وبذا تصبح اللغة أداة لنقل الأفكار، فنقاد علم النفس من السلوكيين ونقاد المنطق من المنطقيين الإيجابيين،

وطلاب ما وراء الطبيعة قد بعثوا جميعهم مذهب ماكس مولر الذي يمكن أن يعبر عنه بكون (الأفكار لغة) وهناك الكثير ممن يذهب إلى القول أن الكثير من المسائل الظاهرة في طبيعة التفكير ليس في الحقيقة أكثر من مسائل لغوية، ويوافقون على أن المنطق وما رواء الطبيعة وحتى الرياضيات في جوهرها بنية اجتماعية ذات طبيعة لغوية في أساسها.

إن اللغة على الإطلاق هي أقوى عوامل الوحدة والتضامين بين أهلها، حتى لقد ذهب العالم اللغوي (إدوارد سابير) إلى أن اللغة هي على الأرجح أعظم القوى التي تجعل من الفرد كائنا اجتماعيا.

يقول الفيلسوف (فيخته) إن اللغة تلازم الفرد في حياته وتمتد إلى أعماق كيانه، وتبلغ إلى أخفى رغباته وخطراته. أنها تجعل من الأمة الناطقة بها كلا متراصا خاضعا لقوانين. إنها الرابطة الوحيدة الحقيقية بين عالم الأجسام وعالم الأذهان.

وللغة بعد ذلك دور رئيس في التواصل بين البشر إذ أنها تقع في بؤرة الأحداث الإنسانية، فيها انتقلت المعارف والاكتشافات والاختراعات الخاصة بالأجيال السابقة وكذلك الآداب التي انتجتها الثقافات المختلفة منذ فجر التاريخ على شكل شعر أو قصص أو أساطير. وباللغة ندير شؤوننا اليومية الصغيرة والعظيمة.

إنا نرى أن كل الأمم تبذل جهودها القصوى في تعليم ذاتها لما للغة من أهمية كبيرة في حياة المجتمعات والأفراد، ففيها يعبر الفرد عن مشاعره وعواطفه وأحاسيسه وما يدور في ذهنه من أفكار، وبهذا يتجلى الفرق بين الإنسان وغيره من الأحياء الأخرى، فاللغة تمد الحياة البشرية بسمة المشاركة والمبادلة في العواطف والأحاسيس وبها يتمكن الإنسان من الوصول إلى بني جنسه عند تلبية حاجاته وتنفيذ رغباته في المجتمع الذي يعيش فيه.

إن للغة بعد ذلك ثمرة من ثمرات التفكير الإنساني للسيطرة على البيئة التي يعيش فيها المرء، فالتجريد والإدراك والتحليل والاستنتاج عمليات فكرية يقوم بها العقل الإنساني بوساط اللغة، إن التفكير لا يتم من غير استخدام الألفاظ الدالة على المعاني التي تنشأ في الذهن فحد اللغة هي كل لفظ وضع لمعنى، واللغات عبارة عن الألفاظ

الموضوعة للمعاني، والتفكير كلام نفسي والكلام تفكير جهري وكل فكرة لا تتجلى في ألفاظ لا تعد فكرة، إن اللغة وسيلة لنقل التراث من الجيل السابق إلى الجيل اللاحق وهي تحتفظ بمكونات ذلك التراث بما فيها التقاليد الاجتماعية فلولا اللغة لما عرفنا شيئا عن حياة الأجداد وأخلاقهم ونتاجهم، وكلما ارتقت الأمم كثر اعتمادها على اللغة، ودليل ذلك كثرة الصحف والكتب والمؤلفات التي تتميز بها الأمام الراقية، فاللغة عامل قوي في سبيل عمليات التفاعل السياسية والفلسفية والمذهبية في جذب الآخرين للإيمان بمبادئها وأفكارها، وأنها حجة قوية وراسخة لتأييد تلك الآراء ودحض حجج الخصوم.

واللغة أداة من أدوات الحياة العامة، وأنها لا تقوم بواجبها ما لم تؤد غرضها فيها، ولا تبلغ منزلتها الحقيقة لدى أهلها ما لم تعنهم فيما هم فيه وعليه. فالتلميذ واحد من هؤلاء الأهل لا يمكن أن يحس بأهمية اللغة، ولا يمكن أن يحسن تناولها ما لم تقدر على أنها جزء من الحياة لا يستغني عنه في أمور من الحاجات الأنية من أكل وشرب، أو في أمور من حاجات الفن والإبداع.

أهمية اللغة العربية

تعد اللغة العربية أداة التفاهم والتعبير، ووسيلة الفهم والرباط القومي لوحدة الأمة العربية، ومقياسها على مدى تحضر هذه الأمة ورقيها، ووسيلتها للدعاية والتفاعل، وزيادة على كونها أداة للتوجيه الديني والتهذيب الروحي. وللغة كذلك أهمية نفسية فهي أداة التأثير والإقناع عند تفاعل الفرد والمجتمع وأداة للتذوق الفني والتحليل التصوري والتركيب اللفظي لإدراك المفهوم العام ومقاصده، وهي كذلك تزود الفرد بأدوات التفكير وتساعده على تكوين العادات العقلية وإدراك الأشياء الجزئية والكلية.

واللغة العربية الفصيحة هي الركن الأساس في بناء الأمة العربية، تلك اللغة التي امتازت من بين لغات العالم بتاريخها الطويل المتصل وقوتها الفكرية والأدبية، وحضارتها التي وصلت قديم الإنسانية بحديثها، فقد ارتبطت بهذه اللغة حياة العروبة

ارتباطا وثيقا في كل أدوار تاريخها الطويل القديم والحديث.

وقد انبرت اللغة العربية الفصيحة للدفاع عن نفسها وقومها فحاربت الاستعمار الحديث بكل أشكاله وأبطلت ادعاءهم من أنها لغة صعبة وافشلت مخططهم لتنشيط العامية ونشرها.

وهكذا لابد لكل عربي مسلم ان يعرف لهذه اللغة قدرها وأهميتها لدينه ولأمته فيعتز بها ويغير عليها ويقف بوجه كل من يحط من شأنها أو يهدد مستقبلها ويكفي العربية فخراً أن تكون لغة القرآن قال تعالى في سورة يوسف آية (2) (**إِنَّا أَنْزَلْنَاهُ قُرْآناً عَرَبِيًّا**).

الفصل الثاني
مقدمة في تطور طرائق التدريس

1- طريقة المحاضرة 2- طريقة المناقشة 3- طريقة الاستجواب

2- 4- طريقة التفكير العلمي 5- طريقة الوحدات.

- **بعض الطرق الحديثة**

1- الاستكشاف (الاستقصاء) 2- طريقة حل المشكلات.

- **الاتجاهات الحديثة في تعليم اللغة العربية**

أ – التعليم الوظيفي للغة ب- طريقة الوحدة (الأسلوب التكاملي).

- **خطة نموذجية لتدريس اللغة العربية بطريقة الوحدة (التكاملية).**

- **أهمية الأسئلة، شروطها، صياغتها، خصائص الأسئلة الجيدة.**

مقدمة في تطور طرائق التدريس

يذكر تاريخ التربية أن تعليم اللغات هو من أول المواد التي اهتم بها المربون وأولوها عنايتهم، وبخاصة القراءة والكتابة. فاستعراض اللغة العربية وطرائق تدريسها يوضح أن الطفل في البادية قبل الإسلام كان يتعلم اللغة العربية عن طريقة المشافهة والسماع والمحاكاة.

فنرى الطفل يحفظ الشعر والحكمة والمثل السائر في الاسواق التجارية وبخاصة سوق عكاظ، ولم يكن يعرف شيئا عن القراءة والكتابة.

أما في الحضر فكان التعليم عندهم افراديا إذ يخصص المعلم لكل تلميذ من تلاميذه جزءا من وقته، وكانت طريقتهم في التدريس قائمة على التقليد والحفظ والتلقين.

وفي عصر صدر الإسلام الذي شجع على طلب العلم نجد أن الرسول محمد صلى الـله عليه وسلم قد أكد طلب العلم إذ قال (طلب العلم فريضة على كل مسلم ومسلمة) ونجد أن الطفل كان يعمل القراءة والكتابة وشيئا من القرآن الكريم والحساب والشعر العربي تحت خيمة أو شجرة أو في مسجد أو في منزل، ولكن الطريقة كانت تلقينية أيضا.

واستمرت طريقة تعليم اللغة العربية كذلك حتى العصر العباسي الذي شهد انتشار المدارس انتشارا واسعا، وظهرت تبعا لذلك آراء للمربين المسلمين في طريقة التعليم اللغوي، وكانت التربية اللغوية في كثير من حالاتها تكتسب من الشيخ الذي يتولى تعليمها، فالشيخ المعلم كان في الواقع هو المنهج والطريقة، هو الذي يمنح تلاميذه الإجازة في فرع لغوي ما.

فقد كتب عتبة بن أبي سفيان إلى عبد الصمد مؤدب ولده قائلا (روّهم من الشعر أعفّه، ومن الحديث أشرفه، ولا تخرجهم من علم إلى غيره حتى يحكموه، فإن ازدحام الكلام في السمع مضلة للفهم... وكن لهم كالطبيب الذي لا يعجل بالدواء حتى يعرف الداء).

ودعا ابن سينا (370-438هـ) إلى رعاية النمو الجسمي والعقلي للطفل كي يكون مستعدا لتعلم القراءة والكتابة فقد قال (فإذا اشتدت مفاصل الصبي واستوى لسانه وتهيأ للتلقين، ووعى سمعه أخذ يتعلم القرآن وصورت له حروف الهجاء).

وقد انتقد ابن خلدون (732-808هـ) معلمي عصره انتقادا مراً في عدم رعايتهم للنضج العقلي والجسمي واللغوي للأطفال، وطالبهم بالتدرج في التعليم إذ قال (اعلم ان تلقين العلوم للمتعلمين إنما يكون مفيداً إذا كان على التدريج شيئا فشيئاً... فإن قبول العلم والاستعدادات لفهمه تنشأ تدريجيا) وقد استفادت طرائق تدريس اللغة العربية كسائر العلوم الأخرى من النهضة العلمية والاتصال بثقافات الدول الأخرى من خلال البعثات والاساتذة والتجارب والبحوث والتطبيقات العلمية فأصبحت بذلك علما له ركائزه من العلوم النفسية والتربوية والمناهج وعلم اللغة وكل ما يتصل بها ويؤثر في مسيرتها.

وانتهت إلى مفهوم علمي واضح قوامه تنمية مهارات الأداء اللغوي للمتعلمين حتى تبلغ أقصى مداها، وتوجيه النشاط اللغوي للمتعلمين بأحدث الأساليب التي تؤدي أثرها في تعديل سلوكهم حتى يصل إلى مستواه المنشود في فنون الاستماع والقراءة والحديث والكتابة.

ومهما يكن فإن الحقيقة تظل ماثلة في أن العلم الناجح هو في حقيقته طريقة ناجحة توصل الدرس إلى التلاميذ بأيسر السبل، فمهما كان المعلم غزير المادة ولكنه لا يملك الطريقة الجيدة فإن النجاح لن يكون حليفه في عمله، وغزارة مادته تصبح عديمة الجدوى.

ومعيار التعليم في مهنة التدريس هو ماذا نستطيع ان نفعل؟ لا ماذا نعرف؟ ويقاس نجاح المعلم لا بمقدار ما يعرف بل بمقدار قدرته على جعل غيره يعرف ويعمل، ولكن تبقى الحقيقة ألا فائدة من طريقة جيدة بلا مادة تسعى الطريقة إلى توصيلها.

1- طريقة المحاضرة (الإلقاء)

تعد طريقة المحاضرة من أقدم الطرائق التعليمية ويكون وسيلتها الكلام، أي ان المدرس يلقي الدرس على الطلبة مشافهة وهم يصغون إليه، يفكرون فيما يقول، وتسمى أيضا طريقة الكلام المنظم وفيها، يتخذ المدرس خطوات متسلسلة منظمة لموضوعه الذي ينوي المحاضرة فيه إذ يبدأ بمقدمة تثير الانتباه ثم يدخل في صلب الموضوع، وأخيرا يلخص ما فصله في كلامه بتقديم موجز للدرس، ويترك المدرس هنا عادة مدة كافية للأسئلة والاستفسارات وربما لحل التمرينات.

ومن نقاط ضعف هذه الطريقة أنها تجعل الطلبة في حالة ركود أي أن موقف الطلاب يكون سلبيا فيها، إذ أنه لا يترك لهم مجالا للمناقشة أو الأسئلة زيادة على أنها تقوم على الألفاظ فقط ولا تعتمد الفعاليات الحيوية.

ومن محاسنها أنها وسيلة جيدة لاستيفاء مادة واسعة من المنهج بأسلوب منطقي مترابط وانها لا تتطلب نفقات اقتصادية باهظة، وتصلح للاعداد الكبيرة من الطلبة، وهي في الواقع يمكن تحسينها وتجاوز بعض سلبياتها إذ أحسن المدرس تنظيمها من حيث اعدادها اعداداً جيداً في المادة والأسلوب والأمثلة المفسرة والوسائل التعليمية وفسح المجال للاستفسار خلال إلقاء المحاضرة وتهيئة أسئلة وافية للمناقشة فيما بعد ووضع تمرينات للتدريب.

2- طريقة المناقشة:

تعد طريقة المناقشة من الطرائق السائدة في تعليم المواد الدراسية وبخاصة الإنسانية منها إذ تقوم على تبادل الرأي بين الطلبة ومدرسهم أو بين الطلبة أنفسهم، وذلك لتعزيز ما يقدم من معرفة وترصينه.

زيادة على كونها حافزا لتنمية تفكير الطلبة وتطوير هذا التفكير من خلال قدرة المدرس في التدريس، وقدرته على إدراك فهم طلابه للمادة الدراسية.

واذا ما قورنت هذه الطريقة بطريقة المحاضرة امكن الملاحظة مدى نشاط

الطالب وحماسه وانشداده للدرس. وعلى الرغم من كون هذه الطريقة أكثر استهلاكا للوقت وأنها لا تريح الاتكاليين أو الخجولين من الطلبة فإن لها دورها الفعال في إغناء التدريس وتحسينه.

إن طريقة المناقشة لا تعني مجرد سؤال يلقيه المدرس وجواباً يعطيه الطالب أو انها مجرد إلقاء أسئلة وتقبل أجوبة، فذلك لا يخلق مناقشة جيدة بـل قد لا يخلق مناقشة أصلا.

إن المناقشة بهذا الأسلوب تكون أشبه بلعبة الطاولة، وإنما يفترض أن تكون أشبه بلعبة كرة السلة ففيها تكون العملية مشتركة متشعبة الجوانب سؤال يطرح، وطالب يجيب، وآخر يضيف وثالث يعدل ورابع يُفنّد، والمدرس يدفع بالعملية إلى أمام بتلميحاته وتعقيباته.

ومن محاسنها أنها تجعل الطالب مركز الفاعلية في الدرس وتنمي روح المعاونة الجماعية، فضلا عن أنها طريقة تثير التفكير، وتدعو إلى الإبداع، وتنمية روح القيادة والاتجاهات المحمودة نحو المدرسة والمجتمع.

أما محاذيرها فإن الطالب فيها قد يركز على الطريقة لا على الأهداف وتهتم بالأسلوب لا بالروح، وقد تصاحبها بعض المشاكل الانضباطية بزوال أثر المدرس.

3- الاستجواب :

تقوم هذه الطريقة على السؤال والجواب، والمدرس فيها هو المحور بوصفه الفنان المتمكن من صياغة الأسئلة، فقد قيل صياغة السؤال فن من الفنون الجملية والمدرس الذي لا يحسن الاستجواب لا يحسن التدريس... وهكذا تكون الطريقة عاملاً مهما من عوامل نجاح المدرس في اعطاء المادة لطلابه وفي توجيهم وإثارة تفكيرهم وحملهم على تعلم ما يريد أن يتعلموه.

إن من أهم أهداف هذه الطريقة هي اختبار معلومات الطلبة سواء أكانت المعلومات حقائق أم فهم، وحمل الطلبة على ربط خبراتهم السابقة بالدرس الجديد وإثارة الأولاع والاستطلاع وكذلك التمرين والمراجعة ومن أهدافها تنمية قوى التقدير

والتميز لدى الطلبة،وضمان تنظيم المواد التعليمية والخبرات، وتوجيه انتباه الطلبة إلى العناصر المهمة في الدرس.

إن هذه الطريقة في الواقع تقوم على عدة عوامل منها:

أ. التفكير السريع الواضح وفيها يجب أن يكون المدرس متقنا لمادة الدرس ويجب أن يكون تفكيره واضحاً ومنطقياً.

ب. قوة التمييز في القيم أي ان المدرس يجب أن تكون لديه قوة تمييز بين الأسئلة المهمة وغير المهمة أو الزائدة وكذلك الأجوبة وهذه القوة تتطلب اتقان المادة العلمية.

ج. قدرة المدرس على التعبير الجيد إذ ان التعبير الواضح والمحدد هو الذي يجعل طريقة الاستجواب (السؤال والجواب) واضحة ومحددة.

د. الثقة بالنفس وفيها تتجلى شخصية المدرس فيكون سريع البديهة شجاعا غير خائف أو مرتبك.

4- طريقة التفكير:

تقوم هذه الطريقة على معلومات معينة، وهذه المعلومات هي نتيجة للتفكير الموضوعي المتضمن عمليات عقلية ديناميكية (حركية) وأن هذه العلميات العقلية يمكن وصفها في خطوات متسلسلة يعتمد بعضا على البعض الآخر.

إن خطوات هذه الطريقة تختلف باختلاف مصممها فيجعل بعضهم خمس خطوات بينما يوصلها بعضهم إلى عشر خطوات ويمكن إجمال هذه الخطوات بما يأتي:

1- الشعور بالمشكلة.
2- تحديد المشكلة.
3- جمع المعلومات حول المشكلة.
4- فرض الفروض.
5- تجريب الفروض.

6- الاستنتاج أو نتائج التجريب.
7- التحقق من النتائج.
8- صوغ التعميمات.

ومع ذلك فإن الكثير من التربويين والعلماء يعترضون على أن التفكير العلمي يمكن حصره بهذه الخطوات، وأنهم يعترضون أيضا على تسلسل هذه الخطوات، إنهم يقولون:ليس من الضروري أن نصل إلى حلول للمشكلات العلمية باستخدام هذه الطريقة أو خطواتها فقط إذ كثيراً ما نصل إلى حلول عن طريق إدراك العلاقات أي بشكل نظري سواء أكان عن طريق الاستنباط ام المنطق كما يحصل عادة في التوصل إلى الحلول الرياضية في دراسة الكيمياء والفيزياء والنحو، وقد يصل أيضا كثير من الناس والعلماء والمفكرين إلى حلول للمشكلة عن طريق الحدس والتبصر فأنت لا تجد حلا لمشكلة فتترك التفكير فيها وفجأة يقفز إلى ذهنك حل لتلك المشكلة، وأخيرا إن التفكير العلمي بوصفه طريقة للتدريس لا يتحقق بحفظ خطوات جامدة وإنما يتحقق بالممارسة الفعلية، فتعلم الضرب على الآلة الكاتبة لا يتم عن طريق الإرشادات بقدر ما يتم عن طريق الضرب الفعلي عليها.

5- طريقة الوحدات:

وتعرف هذه الطريقة بطريقة تعليم الوحدات، والوحدة عبارة عن موضوع شامل واسع يضم مواضيع متعددة يعالج كل موضوع صغير منها عادة بصورة منفصلة، وهذه الطريقة أيضا من طرائق تنظيم المناهج الحديثة فهي تتكون على سبيل المثال من موضوع دراسي أو مشكلة اجتماعية، تتخذ مركزاً ثم تنشق منها موضوعات متسلسلة تكون ذات ارتباط بالموضوع الأصلي.

إن طريقة الوحدات مثل ما وصفها (موريسن) تقوم على خمس خطوات هي:

1- الخطوة التمهيدية وتسمى بالخطة الاستطلاعية ترمي إلى اكتشاف درجة معارف الطلبة ومقدار خبراتهم السابقة ثم إيجاد رابطة بين الوحدة الجديدة والخبرات السابقة ثم توجيه المدرس نفسه إلى ما يجب عمله في عرض

الوحدة الجديدة.

2- العرض: يعرض المدرس في هذه الخطوة الأسس العامة في الوحدة مبينا النقاط البارزة ومستعينا بوسائل الإيضاح أو بعبارة أخرى تقديم لمحة عامة عن الوحدة أو رسم صورة شاملة لما تحتويها هذه الوحدة من المادة، ويجب أن يشد المدرس انتباه طلابه إليه عند عرضه للوحدة، ولا يكتب النجاح للمدرس في هذه الخطوة إلا إذا كان ملما إلماماً تاماً بالوحدة الجديدة.

3- استيعاب المادة واتقانها أو تمثيلها: وفي هذه الخطوة يفسح المجال للطلبة لأن يبحثوا وينقبوا بأنفسهم عن تفصيلات المادة التي تحتويها الوحدة المراد تعليمها. وهذا يستدعي مصادر من غير الكتب المقررة زيادة على الخرائط والصور والألواح والخطوط البيانية والنماذج بحيث تجعل هذه الخطوة وهذه المتغيرات الطالب معتمدا على نفسه في تعليم الوحدة، وضمن هذه الخطوة تقع عملية اختبار المدرس لطلابه فهو يستطيع أن يتعرف درجة معارفهم ومقدار ما تعلموه خلال هذه المدة المخصصة لهذه الخطوة من الطريقة.

4- التنظيم: في هذه الخطوة يجتمع الطلاب أو الطلبة مرة أخرى بعد أن أدوا اختبار الاتقان في الخطوة السابقة على أن يكون اجتماعهم من غير كتاب أو دفتر ملاحظات أولية وسيلة أخرى من وسائل الدرس أو البحث، ويطلب منهم المدرس هنا أن يلخصوا المادة التي تحويها الوحدة أو أن ينظموا ما درسوه وما بحثوه على شكل رؤوس أبحاث مقدمين النقاط البارزة الكبيرة ثم الصغيرة فالأصغر. إن هذه الخطوة تحمل الطلبة على تنظيم أفكارهم وأبحاثهم وترتيب النقاط المهمة ترتيبا منطقيا.

5- التسميع: وهي الخطوة الأخيرة من خطوات طريقة الوحدة وهي في الواقع عكس الخطوة الثانية حيث يعرض فيها المدرس بنفسه الوحدة الجديدة، ففي الخطوة الأخيرة هذه يعرض الطلبة أنفسهم خلاصة أبحاثهم أمام المدرس

وأمام زملائهم وهذا يستدعي أن يقوم بهذه العملية قسم من الطلبة، بينما يقدم القسم الآخر نتائج أبحاثهم وأفكارهم بصورة تحريرية.

6- طريقة الاستكشاف (طريقة الاستقصاء): يعني الاستكشاف ببساطة أن لا تقدم المعلومات جاهزة إلى الطالب وإنما يكتشفها هو بنفسه من خلال تعليمه كيف يتعلم بنفسه ويطلق على هذا النوع من التعليم بالتعليم الذاتي.

إن الحقائق الجاهزة لو قدمت للطالب فإنها لا تكون حقائق وإنما أنصاف حقائق.

وإن الاكتشاف بهذه المعنى لا يعني أن الطالب سيكتشف معارف جديدة يضيفها إلى المعرفة الإنسانية، وإنما تكون المعرفة جديدة بالنسبة للطالب.

والاستكشاف بعد ذلك عملية تفكير بنائي وهي أشبه بعملية تكوين المفاهيم وتعديلها عند التعرض لخبرات جديدة، والمدرس الذي يستخدم هذه الطريقة في التدريس يرسم في الواقع العمليات العقلية التي يريد تنميها لدى الطالب وهي مثل الافتراض والقياس وجمع المعلومات والتحليل والتخليص وإيجاد العلاقات وغير ذلك ومن هنا فإنها تصلح للمراحل المتقدمة من التعليم.

إن هذه الطريقة تحتاج إلى توفير مصادر كثيرة من كتب وأجهزة ووسائل تعليمية زيادة على الوقت الكبير الذي يسفر في أثناء استخدام طريقة الاستكشاف.

إن الاستكشاف بعد ذلك يكون على أنواع هناك الاستكشاف الموجه وهو أدى مستوى من الاستكشاف نفسه إذ في الاستكشاف الموجه توضح للطالب خطوات التفكير بما يصممه المدرس ويطلب من الطالب العمل على اكتشاف الحقائق.

وهناك الاستكشاف الحر ويسمى أيضا الاستقصاء وهو أعلى مرحلة من الاستكشاف إذ يترك الطالب فيه ليختار مشكلة بحثه من خلال ملاحظاته ومطالعاته الخارجية وتتبع مصادر المعرفة ثم فرض الفرضيات ومتابعة تنفيذها إلى ان يكتشف النتائج، ويكون دور المدرس هنا دورا بسيطا وغير ملزم أحياناً.

7- طريقة حل المشكلات:

يرى المربي جون ديوي أن التفكير هو الأداة الصالحة والوسيلة النافذة في معالجة المشكلات والتغلب عليها وتبسيطها وإن طريقة حل المشكلات يفترض ان تتخلل في الواقع طرائق التدريس الأخرى جميعا.

تتألف طريقة المشكلات من تنظيم العمل المدرسي بشكل يضع الطالب أمام مشكلة تتحدى تفكيره وتحمله على التفكير لإيجاد حل مناسب لها، وذلك باستغلال قواه العقلية، وهذا الأسلوب (طريقة المشكلات) يتصل بأسلوبي التفكير المعروفين الاستقراء والقياس.

أما موقف المدرس في هذه الطريقة فإنه تقع على عاتقه مسؤولية كبيرة في توجيه طلابه وإرشادهم وتحفيزهم ومساعدتهم في حل المشكلة وعليه استنادا إلى ذلك ان:

1- يحمل طلابه على تعريف المشكلة (موضوع البحث).
2- يحمل طلابه على تذكر أكبر قدر من المعلومات والأفكار.
3- يحمل طلابه على الاعتناء بتقدير كل اقتراح باتخاذ موقف إيجابي ناقد ومنظم.
4- يحمل طلابه على تنظيم مادتهم.

وتتصف طريقة المشكلات بمزايا أهمها: أنها تثير لذة طبيعية في الدرس وبخاصة إذا كانت المشكلة من النوع الذي يجعل ذهن الطالب فعالاً وأنها تتصف بمرونتها العالية إذ يمكن تكيفها بسهولة للأوضاع الصفية الاعتيادية زيادة على أنها تساعد على تدريب الطلبة على التفكير الصحيح.

الاتجاهات الحديثة في تعليم اللغة العربية

أسفرت البحوث والدراسات عن تغير التفكير في تعليم اللغة إذ عدت لهذا التفكير فلسفة خاصة به تقوم على أن اللغة أداة اتصال بمعنى أن تعليم اللغة ينبغي أن يقوم على أساس وظيفتها في الحياة، وإذا علمنا أن للغة منطوقة أو مكتوبة وظيفة

أساسية هي تسهيل عملية الاتصال بين الجماعات الإنسانية أدركنا أن مراعاة هذه الوظيفة في عملية تعليمها هي السبيل القويمة التي لا مندوحة عن السير فيها.

ولهذا الاتصال ناحيتان: ناحية التعبير والاستقبال، والاتصال عادة يكون بين طرفين أحدهما المتكلم أو الكاتب، والآخر السامع أو القارئ، من هنا ينبغي أن تدرس اللغة، ويتعلمها التلميذ على أنها لها وظيفة ذات ناحيتين. لا يمكن الفصل بينهما في حجرة الدراسة في أثناء التعلم، وكل ما هنالك ان الحصة الواحدة من خصص اللغة قد تغلب عليها احدى الناحيتين: التعبير أو الاستقبال.

والنتيجة العلمية لهذه القضية، تحتم علينا العناية بالقراءة والتعبير وتحتم علينا أيضا ألا نقصر درس القراءة على الاستقبال أو التحصيل بل نشرك معه الاتصال أو التعبير، وألا نخلي درس التعبير من التحصيل والاستقبال.

واذا كان التعليم الوظيفي للغة يقتضينا أن نعني بها بوصفها أداة الاتصال بطرفيه الملمح إليهما، فإنه يقتضينا كذلك ألا نقسمها على فروع، ينص عليها في جدول الدراسة ويخصص لكل فرع أو أكثر حصة بعينها.

إن أساس هذه التقسيم غير سليم، لأنه أساس غير ثابت، ومن شروط التقسيم العلمي ثبوت أساسه ووجه الخطأ في تقسيم اللغة إلى هذه الفروع إن الأساس فيه تارة في مادة الدرس، وتارة أخرى طريقه التدريس، فهو اذن تقسم على أساسين مختلفين، مثال ذلك فروع القراءة والنصوص والإملاء، فأساس تقسيمها الطريقة لا المادة، لأن المادة قد تكون واحدة في جميع هذه الفروع فيطالع التلاميذ قطعة أدبية وقد يحفظونها، وربما تملى عليهم لتدريبهم على الرسم الصحيح فالموضوع واحد إذن، ولكنه عولج بطرق مختلفة، وعلى أساس طريقة العلاج سمي فرع اللغة مطالعة أو نصوصا أو إملاء.

وأما فروع النحو والأدب والبلاغة فإنها عدت فروعا مستقلة على أساس من مادتها لا على أساس في طريقة معالجتها، ومن هنا كان التقسيم التقليدي للغة على الفروع المختلفة المعروفة غير علمي، لأنه ليس ذا أساس ثابت.

يتضح مما سبق أن من أهم الاتجاهات الحديثة في تعليم اللغة التي بدأ التبشير

بها منذ بداية القرن العشرين تدريس اللغة على أنها وحدة متكاملة فليس هناك قواعد وحدها ولا أدب وحده ولا قراءة منفصلة، وإنما تكتمل الفروع لتكون اللغة، وتعلم كوحدة حتى تتضح وظائفها اتضاحا كاملا.

وعلى هذا الأساس فإن من أهم الاتجاهات الحديثة في تعليم اللغات القومية التلقي المشافهة والتكامل والوظيفة، وتعني الوظيفة أن للغة جانبين جانباً يمثل الحديث والكتابة، وجانبا ادراكياً أو جانب استقبال يشمل الاستماع والقراءة وتعليم اللغة على أساس هذين الجانبين يجعلها تؤدي وظيفتها التي يفترض أن تؤديها إلا وهي تسهيل عملية الاتصال[1].

أ-   التعليم الوظيفي للغة:

إن التعليم الصحيح لأي لغة هو التعليم الوظيفي ونعني به تحقيق القدرات اللغوية عند التلميذ بحيث يتمكن من ممارستها في وظائفها الطبيعية العملية ممارسة صحيحة.

ولا يمكن تحقيق هذا الضرب من تعليم اللغة، ما لم تكن الوظائف الطبيعية للغة واضحة في ذهن واضع المنهج أولا، وفي ذهن المعلم ثانيا.

ويختلف الدارسون في تحديد هذه الوظائف، فمنهم من يرى أن هذه الوظائف تنطلق من وظيفة اللغة الأساسية وهي (الاتصال) والاتصال كما تقدم يكون بين طرفين: مرسل ومستقبل، والمرسل قد يكون مستمعا وقد يكون قارئاً ومعنى ذلك أن عملية (الاتصال) تقتضي أربع مهارات هي: الاستماع والقراءة والكلام والكتابة.

وهناك عنصر مشترك، يتضمنه كلا الجانبين: الاستقبال والإرسال ونعني به التفكير الذي يسمى في بعض الأحيان المهارة اللغوية الخامسة.

ولا يمكن أن يثمر تعليم اللغة ما لم يتجه المنهج والمعلم إلى تحقيق الغايات الأربع السابقة: فهم المسموع، وفهم المقروء ثم التعبير الدقيق السليم بكلام منطوق أو

---

(1) من قضايا تعليم اللغة العربية (رؤية جديدة) د. نعمة رحيم العزاوي ص 27-30.

مكتوب، فالوظائف الأساسية للغة تتجلى في استعمالها استعمالا صحيحا في المواقف الطبيعية، أي فهم الطلاب لها إن سمعوها، وفهمهم لها إن رآوها مكتوبة، والتعبير بها عن أفكارهم على نحو منطوق أو مكتوب.

ومعنى ذلك أن هذا التقسيم لوظائف اللغة يعني بوظيفتين رئيسيتين هما الفهم والتعبير، وواضح أن الفهم هو حصيلة الاستماع أو القراءة، ومهما يكن فإن (الفهم) مهارة لغوية مهمة، وانها الغاية الأساسية من مهارتي الاستماع والقراءة.

والذي يتأمل آراء الفريقين في وظائف اللغة الأساسية، يجد أن هناك مهارات عديدة قد نظر إليها على أنها مهارات ثانوية أو مهارات مساعدة.

فقواعد اللغة وضوابط الرسم، وقوانين البلاغة ليست مهارات مستقلة، يسعى المتعلم إلى اتقانها لذاتها، وإنما لتصح مهاراته اللغوية الأساسية التي هي الاستماع والقراءة والكلام والكتابة، أو لتصح المهارتان الأساسيتان، ونعنى بهما (الفهم) و(التعبير).

وهذا يعنى أن أي نشاط لغوي لا يتعلق بمهارات اللغة الأساسية أو غايات تعلمها الأربع، هو نشاط زائد قد يصرف الطلاب عن اللغة أو يسبب لهم كراهتها، والنفور منها.

ولكي نوضح العناية بمهارتي (الفهم) و (التعبير) في درس النحو مثلا، أو بمعنى أدق لكي نجعل تعليم هذا الدرس تعليما وظيفيا نأخذ الأداة (لن) ونوازن بين معلم يدرسها لغير غاية وظيفية وآخر يدرسها لغاية وظيفية، وعند ذلك سنجد أن الأول يهتم بـ(لن) أداة نصب، مهملا معناها ووظيفتها في الجملة، والثاني يهتم بها أداة لنفي المستقبل وإن كان لا يهمل أنها تنصب فيتحقق بذلك العناية بوظيفة (الفهم) أي فهم الكلام الذي يشمل على الأداة (لن) ووظيفة (التعبير) أي التعبير بـ(لن) تعبيراً سليما من الناحية الإعرابية.

فالأول يهتم بإعرابها، وإعراب الفعل المضارع بعدها، والثاني يهتم بتركيب الجملة في أسلوب النفي الذي تستعمل فيه (لن).

إن الطلاب الذين يتخرجون على يد المعلم الأول يخطئون في تركيب جملة النفي في المستقبل، فيقولون (سوف لا أفعل كذا) و (سوف لن أفعل كذا) بدلا من (لن أفعل كذا). أما المعلم الثاني فيوضح للتلاميذه استعمال النفي في الحالات المختلفة ويدربهم على استخدام هذا الأسلوب، فيصل بهم إلى التفريق (لا أفعل كذا) و (ما أفعل كذا) و (لن أفعل كذا) دون أن يغفل تعليمهم أن المضارع لا تتغير حركته الأخيرة (الضمة) عند نفيه بـ(لا) أو (ما) في حين تتغير فتصبح (فتحة) عند نفيه بـ(لن) ولكي نزيد هذا المثل إيضاحاً نقول أن المعلم الذي يدرس النحو لغير غاية وظيفية، فلا يعني بمهارتي الفهم والتعبير السليم كلتيهما، نجده عندما ترد (لن) في جملة مثل (لن يشترك فؤاد في المباراة) يطلب من التلميذ إعراب الفعل المضارع بعد (لن) ويصر على سماع (الكليشة) المعروفة التي يحفظها الطالب دون أن يعي منها شيئا: فعل مضارع منصوب بلن وعلامة نصبه الفتحة الظاهرة.

أما المعلم الذي يدرس النحو لغاية وظيفية فيعنى بالضم والتعبير، فتجده يسأل تلاميذه:

هل تتحدث الجملة عن عدم اشتراك فؤاد في المباراة في الماضي أو الحاضر أو المستقبل؟

ما علاقة ذلك في الجملة؟ كيف تكون العبارة لو كانت الجملة تتحدث عن عدم اشتراكه في المباراة في الماضي؟ كيف تكون إذا كانت تتحدث عن الحاضر؟ فإذا فرغ المعلم من هذه الأسئلة التي تؤكد فهم الاستعمال اللغوي والتفريق بين الأساليب ينتقل إلى ترسيخ الحالة الإعرابية للأفعال المضارعة التي تأتي بعد أدوات النفي المختلفة، فيكتب على السبورة العبارات الآتية: لن يشترك، لا يشترك، ما يشترك، لم يشترك، ثم يطلب من التلاميذ قراءتها مع وضع الحركة المناسبة على آخر كل فعل.

ونلاحظ هنا أن تكليف التلاميذ نطق الأفعال محركة بالحركات التي تقتضيها الأدوات المذكورة التي تسبقها هو أفضل من أن تطلب منهم أعراب هذه الأفعال وإيراد رواسم اللاعراب المحفوظة المملة، إن لم نقل العقيمة أو المبهمة.

إن الاهتمام في مثل هذا النشاط ينصب على صحة النطق أما الاهتمام بإعراب

الأفعال المذكورة فيتجه إلى ذكر المصطلحات مثل منصوب مجزوم، مرفوع معرب، مبني، ظاهر، مستتر، مقدر.

وواضح أن حفظ الطالب هذه المصطلحات وترديده إياها لا يعني أن نطقه أصبح سليما، ولا يدل على أن درس النحو قد تحقق وظيفته الاساسية في فهم التراكيب ومعرفة المواقف التي تملي استعمالها، ثم معرفة حركات مفرداتها[2].

ب- طريقة الوحدة (الأسلوب التكاملي):

ويقوم هذا الأسلوب على أن تدرس اللغة العربية وحدة مترابطة ومتكاملة من خلال النصوص من غير فصل بين فروعها المتعددة.

وفي الواقع أن هذا الأسلوب في التدريس لم يكن حديثا فقد كان مستخدما في العصر الإسلامي عند تدريس العلوم الإسلامية المختلفة، وكذلك عند التأليف، ويعد كتاب (الكامل) للمبرد وكتاب (الأمالي) لأبي علي القالي مثلين صادقين على هذا الأسلوب.

يعتمد أسلوب التكامل في تدريس اللغة العربية على نصوص أدبية مختارة محققة للأغراض المنشودة، وذلك لأن هذه النصوص تعد مادة صالحة للمطالعة، ومادة صالحة لتدريس التعبير بنوعية الشفهي والكتابي زيادة على كونها حقلا ممتازا للتطبيقي الوظيفي للغة والنحو والصرف فضلا عن كونها محوراً للدراسات البلاغية والنقدية.

لقد اختلف التربويون والمتخصصون في هذا الأسلوب فذهب فريق منهم إلى أن العربية ينبغي لها أن تدرس وحدة متكاملة.

بينما ذهب الفريق الآخر إلى أن تدريس اللغة العربية من خلال الوحدة قد يؤدي إلى استطراد المدرس في جانب معين وإهمال للجوانب اللغوية الأخرى، وأن تخصيص حصص معينة لكل فرع هو أجدى في تعليم اللغة إذ يستطيع المدرس التركيز على ذلك الفرع المحدد.

---

(2) من قضايا تعليم اللغة العربية (رؤية جديدة) د. نعمة رحيم العزاوي ص 31-36.

أما خطوات الأسلوب التكاملي عند تطبيقه عمليا من خلال مجموعة من النصوص المختارة أو كتب المطالعة فهي كما يأتي:

أ- إن يقرأ الطالب القطعة المختارة بالطريقة المتبعة في دروس القراءة.

ب- يختار المدرس بعض الجمل الواردة في القطعة، ويتخذ منها أمثلة لتوضيح قاعدة نحوية.

ج- يطالب الطلبة بأن يعبروا تعبيرا شفهيا جزئيا أو كليا عن المعاني الواردة في القطعة مستعملين عبارات من إنشائهم وكذلك في التعبير التحريري.

د- إذا كانت القطعة شعرا لفت المدرس أنظار الطلبة إلى الصورة البيانية فيه.

هـ- إذ كانت القطعة جميلة الأسلوب جعلها المدرس قطعة للحفظ.

و- يُملي المدرس جزءا مناسبا من تلك القطعة على الطلبة ليدربهم على صحة رسم الحروف والكلمات.

مزايا الأسلوب التكاملي :

أ- إنه يجدد نشاط الطلبة، ويبعث فيهم الشوق والرغبة ويدفع عنهم الملل والسأم.

ب- فيه نوع من التكرار الذي يساعد على تثبيت المادة وزيادة فهمها.

ج- إنه يقوم على نظرية(الجشطالت) وذلك بفهم الكليات ثم الانتقال إلى الجزئيات، وهذا يتفق وطبيعة الذهن الإنساني.

د- إنه يربط بين فروع اللغة ربطا وثيقا.

هـ- إنه يضمن النمو اللغوي عند الطلبة لأنه يعالج الفروع اللغوية جميعا في ظروف واحدة.

و- إنه مساير للاستعمال اللغوي لان استعمال اللغة في التعبير الشفهي والكتابي يتم بصورة سريعة فيها تكامل وترابط.

مآخذ الأسلوب التكاملي

أ- إنه لا يساعد على معالجة الأخطاء الفرعية.

ب- صعوبة التوصل إلى معرفة الفروق الفردية بين الطلبة.

ج- صعوبة أعداد كتاب مدرسي يحيط بفروع اللغة العربية كلها.

د- يستلزم هذا الأسلوب وجود قدرات وكفايات عالية لدى المعلمين والطلبة يعصب توافرها.

هـ- صعوبة اختيار النصوص الملائمة لكل صف ولكل عمر.

و- صعوبة وضع التطبيقات والتدريبات الشفهية والتحريرية بشكل فني وسهل ليتمكن المعلم والتلاميذ من الإفادة منها في دراسة كل فرع من فروع اللغة خلال الأسبوع.

نموذج خطة تدريس اللغة العربية بالأسلوب التكاملي للصف الأول المتوسط

حدثني عن أغرب ما مرَّ بك

لما أفضت الخلافة إلى بني عباس اختفى رجال بني أمية جميعهم وكان منهم إبراهيم بن سليمان، فشفع له عند السفاح بعض خواصه فأعطاه الأمان، ثم أحله مجلسه وأكرم مثواه.

وقال له السفاح ذات يوم:يا إبراهيم حدثني عن أغرب ما مر بك أيام اختفائك.

فقال: كنت مختفيا في الحيرة بمنزل مشرف على الصحراء فبينما كنت يوما على ظهر ذلك البيت أبصرت أعلاما سوداً قد خرجت من الكوفة تريد الحيرة فأوجست منها خيفة إذ حسبتها تقصدني.

فخرجت مسرعا من الدار متنكراً حتى أتيت الكوفة، وأنا لا أعرف من أختفي عنده، فبقيت متحيرا في أمري فنظرت واذا أنا بباب كبير فدخلته، فرأيت في الرحبة

رجلا وسيما لطيف الهيئة نظيف البزة فقال لي: من أنت؟ وما حاجتك؟ قلت: رجل خائف على دمه فجاء يستجير بك.

فأدخلني منزله، وواراني في حجرة تلي حجرة حُرمه، فأقمت عنده ولي كل ما أحب من طعام وشراب ولباس وهو لا يسألني عن شيء من حالي، إلا أنه كان يركب في كل يوم الفجر ولا يرجع قبيل الظهر.

فقلت له يوما:أراك تدمن الركوب ففيم ذلك؟ قال لي إن إبراهيم بن سليمان بن عبد الملك قتل أبي، وقد بلغني أنه مُختفِ في الحيرة، فأنا أطلبه لعلي أجده، وأدرك منه ثأري فلما سمعت ذلك - يا أمير المؤمنين- عظم خوفي، وضاقت الدنيا في عيني وقلت: أني قد سقت نفسي إلى حتفي.

ثم سألت الرجل عن أسمه واسم أبيه، فأخبرني عن ذلك فعلمت أن كلامه حق، فقلت له: يا هذا وقد وجب علي حقك وجزاء لمعروفك لي أريد أن أدلك على ضالتك.

فقال: وأين هو؟ قلت أنا بغيتك ابراهيم بن سليمان فخذ بثأرك. فتبسم وقال: هل أضجرك الاختفاء والبعد عن دارك وأهلك فأحببت الموت؟ قلت: لا و الـلـه ولكني أقول لك الحق، وأني قتلت أباك في يوم كذا من كذا وكذا.

فلما علم الرجل كلامي هذا، وعلم صدقي، تغير لونه، واحمرت عيناه، ثم فكر طويلا، والتفت إلي، وقال: أما أنت فسوف تلقي أبي عند حاكم عادل فيأخذ بثاره منك وأما أنا فلا أخفر ذمتي، ولكني أرغب في أن تبتعد عني فإني لست آمن عليك من نفسي، ثم أنه قدم لي ألف دينار، فأبيت أخذها، وانصرفت عنه.

فهذه الحادثة اغرب ما مر بي، وهذا الرجل هو أكرم من رأيته وسمعت عنه بعدك يا أمير المؤمنين.

نموذج خطة لتدريس اللغة العربية بالأسلوب التكاملي للصف الأول المتوسط:

اليوم والصف	مادة الدرس
الأربعاء	"اللغة العربية" عندما تكون متكاملة والمقصود هو أن تدرس اللغة

الأول –ب- الحصة الأولى الدراسة المعنوية للنص	العربية وفروعها مجتمعة من خلال النصوص. "النص" حدثني عن أغرب ما مر بك. **<u>الأهداف العامة</u>** تنمية قدرة الطلاب على فهم اللغة الفصحى المكتوبة والمسموعة فهما صحيحا، وعلى نقل ما يريدون التعبير عنه مشافهة وكتابة نقلا دقيقا واضحا. **<u>الأهداف الخاصة:</u>** **أ- أهداف لغوية:** 1- التدريب على القراءة الصحيحة. 2- تعرف رسم بعض الكلمات بأشكالها الصحيحة. 3- تعرف بعض المواضيع الإعرابية التي يتوقف عليها المعنى. 4- معرفة معاني الكلمات الصعبة في القطعة. 5- أن يكتسب الطلاب التعبير الصحيح من خلال مناقشة بعض العبارات التي وردت في القطعة. **ب- أهداف خلقية:** أن يكتسب الطلاب الأخلاق الحميدة، والعادات الحسنة التي يتمسك به العرب كالكرم، والوفاء، بالعهد، واحترام المواثيق والعهود. **خطوات الدرس:** 1- التمهيد: العربي فيه سمات اذا ما قيست ببعض الأمام فهي متميزة كإكرامه للضيف وإيوائه الدخيل، والدفاع عنه وشجاعته، وحماية الجار، هل تعرف قصة عن أية سمة من هذه السمات؟ ثم تذكر قصة من القصص بشكل

2- مختصر وبعد ذلك أعرج على موضوع اليوم فأقول: إن موضوعنا هذا اليوم يحمل معاني الوفاء والكرم فما أحرانا أن نكون على صلة بما حمله، ويحمله العرب من هذه المعاني والصفات الرائعة التي كان عليها أجدادنا.

3- القراءة الصامتة للطلبة: وذلك بأن يقرأ الطلاب الموضوع قراءة صامتة لمدة سبع دقائق وهي مدة ينتهي عندها أفضل طالب من قراءة الموضوع قراءة صامته ويراعي الطلاب في هذه القراءة فهم الموضوع، ويتم تدريبهم على فهم اللغة المكتوبة مع ملاحظة السرعة.

وأنبه الطلاب على أنه سأوجه إليهم أسئلة تتعلق بالموضوع، وكذلك أنبِّه الطلاب إلى وضع إشارة تحت الكلمات أو العبارات التي يشق معناها عليهم، ثم أوجه بعد هذه القراءة أسئلة عامة كقولي لهم: ما عنوان القطعة؟

لماذا كان صاحب الدار يدمن الركوب؟

لماذا اعترف إبراهيم بن سليمان أنه قد قتل أبا صاحب الدار؟ ما هدف القطعة التي قرأتها؟

وبعدها أقرا الموضوع قراءة تعبيرية جيدة مراعيا فيها حسن التعبير، وجودة الأداء والغرض من هذه القراءة هو أن يتعلم الطلاب كيفية نطق مخارج الحرف العربي نطقا صحيحا ومعرفة مخارج الحروف،وتأدية الكلام على الوجه الحسن.

ثم أنبه الطلاب إلى ضبط الحركات وكذلك أن يتعلم الطلاب القراءة التعبيرية الصحيحة الخالية من الخطأ اذ يحاكي الطالب فيها المدرس وذلك بأن يطلب منهم قراءة

	الموضوع فقرة، فقرة وبعد الانتهاء من كل فقرة أو بعد الانتهاء من قراءة بعض فقرات الموضوع نناقش الطلبة ليتبين مدى فهمهم واستيعابهم للموضوع اذ أوجه إليهم أسئلة وعلى سبيل المثال: س1: لماذا اختفى إبراهيم بن سليمان؟ وكذلك أفعل مع كل فقرات الموضوع، كما فعلت مع هذه الفقرة وحتى نهاية الموضوع. س2: ما المقصود بالقول (ضاقت الدنيا في عيني)؟ س3:كان يجد الضيف كل ما يحلو له من طعام وشراب... لماذا؟
الخميس شعبة (ب) الحصة الثانية الدراسة النحوية والمعنوية	يقرأ الطالب الموضوع بفقراته المتتالية، وبعد ذلك أعقب مع الطلبة على بعض أفعال الموضوع، ثم نقسم الفعل من حيث الزمن تبعا لما جاء في النص إلى: ماض: اختفى الرجال. الفعل: مضارع: وهو لا يسألني عن شيء من حالي. أمر: حدثني عن أغرب ما مر بك. ثم أوضح الفرق بين هذه الأفعال الواردة في الجمل تباعا من حيث الزمن، وأوجه إلى الطلاب سؤالا معينا كقولي لهم لو أردت أن تنقل الفعل "يركب" في جملة "كان يركب كل يوم" من حيث الزمن فماذا تقول؟ ويكون ذلك عن طريق المناقشة الاجتماعية مع الطلاب كي يكون الموضوع واضحا لديهم. ثم نعرض إلى الجملة التي فيها فعل مضارع منصوب أو مجزوم. ثم أطلب من الطالب فعلا آخر مشابها لهذا الفعل من القطعة ونعطي الطلبة وقتا لاستخراجه وأسألهم عن زمنه ومعناه، وكيفية

	تحويله إلى صيغة أخرى كي يكون الموضوع واضحا، ومفهوما لـدى الطلاب.
السبت الحصة الثالثة شعبة (ب) الدراسة الإملائية والتعبيرية.	يقرأ الطلاب النص ثم أعرض لما جاء في النص من مواضيع كتابة التاء المفتوحة والتاء المربوطة أي أننا نستعمل النص من دون التعجيل في الموضوعات الأخرى لأن دورها سيأتي، وتستعمل الكتابة على اللوحة، لانها تشترك أكثر من حاسة في التعلم. وبعد ذلك أطلب من أحد الطلاب أن يعطي خلاصة القطعة إذ يتحدث الطالب عما فهم من الموضوع ويكون ذلك تدريبا على التعبير الشفوي ثم يكمل طالب آخر الحديث ونناقش ما يتحدث عنه الطلاب جميعا، ويعلق طلاب آخرون على الموضوع، كل حسب ما يراه مناسبا. وبذلك نشجع الطلاب على الحديث ويتعلم الجميع الكلام الصحيح، من خلال المناقشة والتكرار، والشجاعة الأدبية، ثم اشترك في وضع أسئلة حول فهم النص والخلاصة كقولي لهم: صاحب الدار كان رجلا كريما، ولكنه كان يبحث عن شيء، ما هو؟ وغير ذلك من الأسئلة التي تقودهم إلى التفكير، والفهم والاستيعاب.

الأسئلة، شروطها، صياغتها، خصائص الأسئلة الجيدة:

الأسئلة: ليست في الواقع طريقة منفردة في التدريس بل إن جميع الطرائق التدريسية يجب أن يتخللها عدد من الأسئلة تطول أو تقصر وذلك حسب نوع الطريقة التدريسية المتبعة.

إن للاسئلة منزلة كبيرة في التدريس فهي عماد الطريقة التحاورية، فهي أشبه

بالقوة الدافعة في الدرس إذ تجعله يسير ويتحرك في اتجاه أهدافه زيادة على كونها مقياسا لمهارة المدرس وجودة طريقته ووضوح منهجه.

ويقول بعض المربين: إن المدرس الماهر هو الذي يحسن فن الأسئلة، وذهب بعضهم إلى أكثر من ذلك في صياغة المعادلة فقال: المدرس= اسئلة.

إن للأسئلة بعد ذلك أهمية كبيرة في تنشيط الطلبة وإثارتهم إذ ان الأسئلة تجعل الطالب دائما في موقف إيجابي، وهي أيضا وسيلة لتقويم الطلاب.

وصياغة الأسئلة يجب ان تخضع لعوامل المهارة في فن السؤال لدى المدرس وتحتاج هذه المهارة إلى ضرورة الإلمام التام بمادة الدرس وتعرف مستوى الطلاب وقدراتهم العقلية والتحصيلية.

ومهارة المدرس في صياغة الاسئلة تتوقف على سرعة البديهة والقدرة على التصرف وحدة الذكاء.

إن للأسئلة الجيدة بعد ذلك شروطا وخصائص من أهمها:

1- ان تكون موجزة لا حشو فيها ولا ترادف لأن إطالة السؤال تشتت تفكير الطالب إذ لا يعرف المقصود من السؤال.

2- ان تكون الأسئلة واضحة، ومعنى الوضوح هنا خلوها من التعقيد والإبهام أي يجب ان يتجنب المدرس في صياغة الأسئلة الالتواء واستخدام الكلمات الغريبة.

3- ان تكون الأسئلة محددة أي تتطلب جوابا محددا أيضا، وهذا لا يعني عدم تنويع الأسئلة إذ يجب ان تكون هناك اسئلة تختبر ذوق الطالب وإصدار الأحكام الفنية.

4- ان تكون للسؤال قيمة علمية فالأسئلة التي لا تعبر عن قيمة قد لا تثير اهتماما لدى الطلبة.

5- ان يتجنب المدرس الأسئلة التي تعتمد اجابتها على الحدس والتخمين كأن يجيب الطالب بـ(نعم أو لا).

6- يجب ان يكون السؤال موحيا بالجواب.

7- ان يحوي السؤال فكرة واحدة.

8- ان تكون للسؤال غاية معينة أي ألا يكون عشوائيا.

الفصل الثالث
قواعد اللغة العربية

- مفهوم قواعد اللغة العربية.
- أهداف تدريس قواعد اللغة العربية.
- أنواع طرائق تدريس قواعد اللغة العربية.
  - الطريقة الاستقرائية
  - التدريب النحوي الجيد.
  - الطريقة القياسية.
  - طريقة النص.
  - طرائق أخرى.

مفهوم قواعد اللغة العربية

إن قواعد اللغة العربية تشمل في معناها الحديث كلا من علمي الصرف والنحو، فالصرف مثلا يُعنى باللفظة قبل صوغها في جملة، أي أنه يُعنى بأنواع الكلام وكيفية تصريفه. ويبحث الصرف أيضا في حقلي الاشتقاق والتصريف أي الزيادات التي تلحق الصيغ.

أما النحو فهو عملية تقنين القواعد والتعميمات التي تصف تركيب الجمل والكلمات وعملها في حالة الاستعمال، كما يقنن القواعد والتعليمات التي تتعلق بضبط أواخر الكلمات، وهو يُعنى كذلك بدراسة العلاقات بين الكلمات في الجمل والعبارات، فهو إذن موجه وقائد للطرق التي يتم التعبير بها عن الأفكار. وهكذا يبدو أنه لا يمكن الفصل بين الصرف والنحو. فالصرف خطوة ممهدة للنحول بل هو جزء منه.

أهداف تدريس قواعد اللغة العربية

قواعد اللغة العربية هي القوانين التي يتركب الكلام بموجبها، بمعنى أنها القوانين الصوتية المتصلة بلفظ الكلمة مفردة ومركبة مع غيرها والقوانين الصرفية المتعلقة بصياغتها، والقوانين النحوية المتعلقة بنظام الجملة وحركات أواخر الكلمات فيها. ثم إن هذه القوانين ليست غاية في نفسها، وإنما هي وسائل لاتقان مهارات الفهم والحديث والقراءة والكتابة.

أما أهداف دراستها فيمكن تلخيصها في ضوء ذلك فيما يأتي:

1- تعويد المتعلم من صحة إخراج الحروف من مخارجها الصحيحة.

2- تمكين المتعلم من الإلمام بالقوانين الصرفية المتعلقة بصياغة الكلمة وسلامة بنائها ليستطيع تلفظها بشكلها الصحيح والتعبير بها عن المعاني المناسبة.

3- تطوير قدرة المتعلم على ضبط أواخر الكلمات ومعرفة أثر العوامل الداخلة عليها وأثر الضبط في معنى الكلمة ووظيفتها.

4- تمكين المتعلم من إدراك وظيفة الكلمة في الجملة وأثر موقعها من السياق

في تحديد معنى الجملة.

5- تبصير المتعلم بالظروف المعنية بين تركيب وآخر وتمكنه من فهم الجملة ومعرفة اثر صياغتها في تحديد معناها.

6- تطوير القدرة على التعبير الدقيق وعلى استعمال التراكيب الجميلة الملائمة لما يروم ايصاله من معان وأفكار.

7- تبصير المتعلم بالفروق الدلالية للصيغ المختلفة للكلمة الواحدة.

أنواع طرائق تدريس قواعد اللغة العربية

يُعد النحو أو قواعد اللغة من بين فروع اللغة العربية التي نالت اهتمام المربين والمهتمين بأصول تدريس اللغة العربية وطرائق تدريسها. وقد أثير حول تدريس النحو خاصة جدل واسع وكأن اللغة العربية ما هي إلا مجموعة من القواعد تضبط علاقات الكلمات والجمل بعضها ببعض وتضبط أواخر الكلمات، ويرجع ذلك في الواقع إلى أسباب عديدة: فقد كان السبب في الوزن الذي أعطي لدروس النحو أو إلى المفهوم غير الصحيح لطرائق تعليمه، أو إلى المفهوم الخاطئ لمعنى النحو أو وظيفته.

ونتيجة لصعوبة القواعد وسعتها أصبح من الصعب أيضا اختيار طريقة أو طرائق معينة تصلح لتدريسها.

وتبعا لذلك فإن طريقة تدريسها غالبا ما تكون جامدة غير مرنة. وهذا السعة في القواعد في الطبيعة أو في الاستعمال حملت المدرسين على استخدام الأساليب المختلفة في تدريسها.

ومع ذلك فإن أية لغة في العالم مهما بلغت درجة صعوبتها وتعقيدها ممكنة التعلم. وممكنة الإتقان إذا ما وجدت الطريقة التدريسية الناجحة لتعلمها واكتسابها.

ولابد من الحديث عن الطرائق المستخدمة في تدريس قواعد اللغة العربية في الوقت الحاضر. ومن أبرز تلك الطرائق ما يأتي:

1- الطريقة الاستقرائية.

2- الطريقة القياسية.

3- طريقة النص (المعدلة عن الاستقرائية).
4- طرائق أخرى.

أولا: الطريقة الاستقرائية (الاستنباطية)

الاستقراء هو طريق للوصول إلى الأحكام العامة بوساطة الملاحظة والمشاهدة وبه نصل إلى القضايا الكلية التي تسمى في العلوم باسم القوانين العلمية أو القوانين الطبيعية، وبه نصل أيضا إلى بعض القضايا الكلية الرياضية وقوانين العلوم الاجتماعية والاقتصادية.

ولدت هذه الطريقة التي تسمى الاستنباطية في ألمانيا في أواخر النصف الأول من القرن التاسع عشر، وقد اقترنت هذه الطريقة بالفيلسوف الألماني فردريك هربارت، ثم انتشرت في أمريكا وأوروبا وظلت مسيطرة على التربية فكريا وعمليا حتى مستهل القرن العشرين، إذ ظهرت طرائق أخرى تمكنت من تقويض دعائمها أو إدراجها في زوايا النسيان، وقد استمرت في تدريس اللغة والمواد الاجتماعية والعلوم الطبيعية والبايولوجية في أول الأمر، ثم ما لبثت موجتها أن انحسرت عن معظم المواد مخلفة لها بقايا في تدريس القواعد.

تقوم هذه الطريقة على نظرية في علم النفس الترابطي وهذه النظرية تسمى بنظرية الكتل المتآلفة، والتفسير التطبيقي لها إن الطفل يأتي إلى المدرسة وهو مزود بثورة فكرية ولفظية، فعن طريقتها يتعلم الحقائق الجديدة أي أن خبراته السابقة تساعده في فهم المشكلات والحقائق الجديدة.

يرى هربارت أن العقل البشري مكون من مجموعة من المدركات الحسية التي تتكون للاحاسيس التي تأتي بها الحواس التي تتصل بها في البيئة، وهذه المدركات الحسية تكون كتلا تترابط بها الأحاسيس التي تأتي بعد ذلك عن هذه الأشياء، فهذه الكتل الترابطية تشكل بالطريقة التي ينظر بها الإنسان إلى هذه الأشياء ويتصرف إزاءها، لذا نجد المعلم في هذه الطريقة يبدأ باستثارة المعلومات القديمة ثم ربط القديم بالجديد عن طريق التعميم أو القاعدة ثم تطبيقها على مادة مماثلة للمادة الجديدة. وفي

الواقع إن نظريات هربارت لم تكن مشتقة من التجريب العلمي، وإنما مشتقة من ملاحظاته وخبراته الشخصية وليس هذا انتقاصا من هربارت وطريقته. فالتجريب العلمي لم يبدأ في الحقل التربوي إلا في القرن العشرين. وهذه الطريقة بخطواتها الخمس وصلت إلينا متأخرة عن أوروبا وأمريكا بمدة، وعرفت طريقها إلى المدارس والمؤلفات التربوية في الربع الأول من القرن العشرين.

ويرى الهربارتيون ان اتحاد الأفكار الجديدة بالأفكار القديمة يشبه الاتحاد الكيميائي بين مادتين تقريبا، وهذا الاتحاد يتم بفعل العامل المساعد في التفاعل الذي هو الحرارة، والعامل المساعد في اتحاد الأفكار هو الاهتمام عند تسلير وراين وهو الدافع والغرائز عند مكدوكل.

والحقيقة أن الطريقة الاستقرائية (الاستنباطية) لجأ إليها علماء العربية القدامى حينما قعدوا النحو وضبطوا أحكامه، وذلك عندما نظروا في النصوص القرآنية والأحاديث النبوية والشواهد الشعرية والنثرية، وخرجوا من بحثهم الاستقرائي هذا بالقوانين النحوية التي رصدوها بالملاحظة والمشاهدة والتحليل والتركيب والمقارنة، ثم اثبتوها في مؤلفاتهم اللغوية، ولا ننسى أن العلماء المسلمين كانوا رواداً في الاستدلال الاستقرائي الذي يقوم على الملاحظة والتجربة والقياس.

مزايا الطريقة الاستقرائية:

1- تساعد على بقاء المعلومات في الذاكرة مدة أطول من المعلومات التي تكتسب بالقراءة أو الإصغاء لأن الطالب توصل إليها بنفسه وبمساعدة معلمه، ويصدق هذا على الطالب النابه والمتأخر في أي درس من الدروس، فالطلبة يفهمون القاعدة التي توصلوا إليها بمساعدة مدرسهم أكثر من تلك القاعدة التي يقدمها إليهم المدرس حاضرة مهيأة أو التي يجدونها في الكتب المقررة ويستطيعون التوصل إلى التعميم نفسه إذا نسوه بعد مرور الزمن، ولو كان طويلا، فخطوات التفكير في الحصول عليه تبقى معهم، وأنهم يستطيعون تطبيق التعميمات التي تقدم إليهم جاهزة،

والطالب الذي يتعلم كيف يفكر بوساطة الدروس الاستقرائية، ويتقن طريقة التفكير في الوصول إلى التعميمات يصبح فردا مستقلا في تفكيره، واتجاهاته في أعماله المدرسية والحياتية الأخرى.

2- أنها تقوم على تنظيم المعلومات الجديدة وترتيب حقائقها ترتيبا منطقيا، وربطها بالمعلومات القديمة فيبنى على ذلك وضوح معناها وسهولة تذكرها وحفظها، وقد أدت أفكار هربارت دورا مهما في خلق روح التنظيم والتسلسل المنطقي في عرض المادة الدراسية.

3- أنها تجعل التعليم محببا للتلاميذ لأنها تركز على عنصر التشويق قبل عرض المادة، فمقدمات الدروس وما تضمنه من عناصر تشويقية ما تزال تستخدم في غالبية طرائقنا في الوقت الحاضر.

4- تستثير في الطلبة ملكة التفكير، وتأخذ بأيديهم قليلا قليلا حتى يصلوا إلى القاعدة، فاشتراك الطلبة في العمل والتفكير يتيح لهم إظهار شخصياتهم واعتدادهم بأنفسهم والتعبير عن أفكارهم بحرية وطلاقة.

5- تتخذ الأساليب الفصيحة والتراكيب اللغوية أساسا لفهم القاعدة، وتلك هي الطريقة الطبيعية في تعلم اللغة لأنها تمزج القواعد بالأساليب.

6- أنها أكثر الطرائق شيوعا في التدريس لكونها محددة وواضحة لدى المدرسين وأن السير في مراحلها يناسب قدرات التلاميذ ومداركهم، ويعودهم دقة الترتيب والملاحظة، ويزودهم بعادات خلقية مهمة كالصبر والمثابرة على العمل والاعتماد على النفس والثقة بها.

مآخذ على الطريقة الاستقرائية:

تعرضت طريقة هربارت ومذهبه في العقل لنقد كثير من بعض الباحثين من علماء النفس ورجال التربية. ويتجلى هذا النقد فيما يأتي:

1- لم يوضح هربارت حقيقة العقل ولا كيفية وجود الأفكار فيه. وأنه لم يوضح عملية الإدراك العقلي المؤتلف والمختلف من الأفكار، ولا القوة

الحقيقة التي على أساسها استنبط القواعد العامة والقوانين، لذا تجد رأيه في هذه المسألة يكتنفه الغموض والإبهام.

2- يرى هربارت أن العقل مكون من الأفكار التي يستمدها من الخارج، وأنه خاضع للبواعث الحسية والتأثير بها وحدها، وليس في مقدور العقل إيجاد حركة فكرية مستقلة.... مع أن الثابت عن العقل أنه دائم الحركة والتفكير وأن له وراء المحسومات مجالاً أوسع للإدراك لطريق الإلهام. وبذا نجد هربارت قد أهمل الناحية الإيجابية للعقل والمتصلة بالغرائز والميول الفطرية الدافعة التي تحمل الإنسان على العمل والنشاط.

3- طريقة هربارت لا تتفق هي وطريقة العقل في إدراك الحقائق، فالعقل لا يسير خطوة خطوة في عملية التفكير كما أفترض هربارت في خطواته المتتابعة المصطنعة، وإنما العقل يظفر غالبا نحو الاستنباط قبل ان تقوى دعائمة أي قبل إتمام مرحلة العرض.

4- ومن الناحية التربوية نجد أن هذه الطريقة تؤكد التربية الإدراكية في دروس كسب المعرفة، وتهمل التربية الوجدانية في دروس التذوق ودرس كسب المهارة، وإن التزام المدرس بها يحدد من حريته ويجعله أداة مسخرة، ويعوقه عن التفنن والابتكار، فالشغل الشاغل للمدرس هو تعليم المادة في حد ذاتها من غير العناية بالتلميذ وتربيته ومراعاة قدراته وميوله ودوافعه النفسية. وعلى العموم فهي تحليل منطقي أكثر من كونها تحليلا نفسيا، فهي تزود المدرس بكيفية ترتيب الدرس للوصول بالتلميذ إلى إدراك الحقائق فحسب وهذا لم يكن العمل الوحيد للمدرس فعمل المدرس التربية أولا والتعليم ثانيا.

5- لا تمثل هذه الطريقة تفكير المتعلم الذي ينبغي أن يكون محور العملية التعليمية، موقف الطالب بحسب رأي أنصار هذه الطريقة موقف سلبي، فهو موقف القابل للمعلومات والمسلم بصحتها من غير مناقشة، وأنها تنكر أن التعليم نشاط إيجابي بين المعلم والمتعلم، ولم تحفل بالفروق الفردية بين

الطلاب وتنظر إليهم على أنهم متساوون ومطبوعون بطابع واحد.

6- إن الأمثلة التي تقدم للمتعلمين لم تعط انطباعا لهم بأن قواعد اللغة ليست منعزلة عن اللغة ذاتها، فالأمثلة تتسم بالجفاف وعدم الارتباط بواقع المتعلمين، وعليه ينبغي أن يكون واضحا لدى المتعلمين أن أواخر الكلمات جزء أساسي من مفهوم اللغة نفسها وصحة تراكيبها وفي أدائها للمعنى وعرضها للأفكار زيادة على ذلك فإن هذه الطريقة لا يجوز استعمالها فرديا أو مجموعة صغيرة، إذ أنها طريقة صالحة لصف يحوي عدداً كبيرا من الطلبة، وأنها لا تصلح للتدريس وتعد مضيعة للوقت إذا كان الطلبة قد قرؤوا المادة وفهموا التعليمات سابقاً. ولا يمكن أن تضمن وصول جميع الطلبة إلى التعميم المطلوب، وبخاصة المتأخرون منهم.

خطوات الطريقة الاستقرائية:

1- **التحضير أو التمهيد:** وهي الخطوة التي يعد فيها الطلبة للدرس وتوجه أذهانهم إليه، ويحملون على التفكير فيما سيعرض عليهم من المادة، ويكون ذلك بإلقاء اسئلة كأن تكون حول الدرس السابق.

وبعد أن يكون الطلبة على علم من الغاية من الدرس، ويكون في ذهنهم قد استعاد بعض ما يعرفونه من المعلومات من الدرس السابق التي لها علاقة بالدرس الجديد، بعد هذا كله يتجه انتباه الطلبة وتفكيرهم إلى الخطوة اللاحقة.

وتتجلى أهمية التمهيد في:

أ- جلب انتباه الطلبة إلى الدرس الجديد.

ب- إزالة ما علق بأذهانهم من الدرس الذي سبق درس القواعد.

ج- ربط الموضوع السابق بالموضوع الجديد.

د- تكوين الدافع لدى الطلبة باتجاه الدرس الجديد.

2- **العرض:** يعرض المدرس الحقائق الجزئية أو الأسئلة أو المقدمات وتمثل الجمل المقدمات أو الحقائق عن الدرس الجديد، وتستقرأ الأمثلة عادة من الطلبة

أنفسهم على أن يقوم المدرس بخلق مواقف معينة تساعد الطلبة على الوصول إلى الأمثلة المطلوبة ثم يثبت ذلك على السبورة.

3- **الربط أو التداعي أو المقارنة أو الموازنة:** بعد عرض الأمثلة يقوم المدرس بالاشتراك مع الطلبة بالمقارنة بين هذه الأمثلة وتدقيقها وإظهار العلاقات فيما بينها وربطها بعضها ببعض وبالمعلومات السابقة ليصبح ذهن الطالب بعد ذلك مهياً للانتقال إلى الخطوة التالية وهي خطوة التعميم واستنتاج القاعدة.

4- **التعميم (استنتاج القاعدة):** بعد إجراء عملية الربط والمقارنة يستطيع الطالب بمساعدة المدرس ان يصوغ قاعدة من العناصر العامة المشتركة في هذه الحقائق والاسئلة بعبارة واحدة مفهومة واضحة هي القاعدة، ويجب الاتقال القاعدة الأبعد أن تنضج في أذهان القسم الأعظم من طلبة الصف. واذا لم يستطع الطلبة الإتيان بالقاعدة ينبغي للمدرس ذكر أمثلة مساعدة، توضح الأمثلة التي على السبورة بطريقة أكثر وضوحا حتى تستنتج القاعدة.

5- **التطبيق:** وهي الخطوة الأخيرة، وفيها يفصح الطلبة صحة التعميم أو صحة القاعدة التي توصلوا إليها بالتطبيق على أمثلة وجزئيات أخرى إن التطبيق بلا شك يتوقف على فهم الطلبة للموضوع فإذا ما فهموا الموضوع جيدا استطاعوا أن يطبقوا عليه جيدا.

خطة لتدريس القواعد بالطريقة الاستقرائية

اليوم______ الموضوع_____ الصف أو الشعبة_________

التاريخ______ الحصة___________

الهدف العام: ضبط حركات ما يكتب وما يلفظ، وتكون عادات لغوية صحيحة وإنماء الذوق الأدبي وتفهم صيغ اللغة واشتقاقها واوزانها والتربية العقلية، (يكون الهدف العام ثابتا في جميع الخطط الخاصة بتدريس قواعد اللغة العربية).

الهدف الخاص: وهو ما يخص الموضوع المعني.

خطوات الدرس:

1- **التمهيد:** يثبت المدرس بعض أمثلة التمهيد. (5) دقائق.

2- 3- **العرض والربط والموازنة:** يثبت المدرس الأمثلة الجديدة كاملة. (20-25) دقيقة.

3- **استنتاج القاعدة:** يثبت المدرس القاعدة بشكل واضح. (5) دقائق.

4- **التطبيق:** تثبت بعض الأمثلة والأسئلة التطبيقية. (5) دقائق.

درس نموذجي في تدريس موضوع (الحال) بالطريقة الاستقرائية للصف الأول المتوسط

الهدف العام: (ثابت في جميع الخطط).

الهدف الخاص: أن يتمكن الطلبة من معرفة:

1- الحال كونه من منصوبات الأسماء.

2- أنواع الحال.

3- استعمال الحال استعمالا صحيحا عند الكتابة والحديث.

خطوات الدرس:

1- التمهيد:

المدرس: سبق أن درستم في الدرس الماضي موضوعا من منصوبات الأسماء وهو التمييز. (5) دقائق.

المدرس: من منكم يعطينا جملة مفيدة فيها تمييز؟

طالب: كافأ المدير عشرين طالبا.

المدرس: إذن كلمة (طالبا) تعرب.

طالب: تمييزا منصوبا وعلامة نصبة الفتحة الظاهرة على آخره.

المدرس: موضوعنا اليوم من منصوبات الأسماء ويسمى (الحال) (20-25) دقيقة.

3-2 العرض والربط والموازنة: يعتمد المدرس في الاستقراء على خلق موقف داخل الصف ليكون مدخلا صحيحا للدرس.

المدرس: نفترض أن (محمد) الطالب المجتهد في صفكم استدعاه المدير ليكافئه فلما عاد من الإدارة طرق الباب مستأذنا وعلى وجهه علامة الفرح والبشر فسألهم كيف دخل محمد الصف؟

طالب: دخل محمد الصف مسروراً، ضاحكاً، فرحاً.

المدرس: ما نوع (مسروراً)؟

طالب: حال منصوبة بالفتحة.

المدرس: ما نوع (مسروراً) أنكره أم معرفة؟

طالب: نكرة.

المدرس: من المسرور؟

طالب: محمد.

المدرس: إن (محمد) يسمى صاحب حال. ما نوع كلمة (محمد) أنكره أم معرفة؟

طالب: معرفة. المدرس: لماذا؟ طالب: لانه أسم علم.

المدرس: إذن الحال اسم نكرة منصوب، وصاحبها يكون معرفة وتصلح الحال جواباً لـ(كيف) وأن هذا النوع من الأحوال يسمى (الحال المفردة) أي أنها لا جملة ولا شبه جملة.

المدرس: من يكوّن جملة أخرى يكون صاحب الحال فيها مفعولاً به؟

طالب: قابلتُ فاطمة مسرورة.

المدرس:وهكذا يكون صاحب الحال فاعلاً أو مفعولاً أو نائب فاعل، أو مجروراً... الخ. (وهكذا يوجه المدرس طلابه للإتيان بأمثلة أخرى تبين صاحب الحال في المواقع الإعرابية المختلفة).

المدرس: إن الحال كما عرفتم يأتي مفردة إلا أنني أستطيع أن اقول دخل محمد الصف يضحك. من يعرب كلمة (يضحك).

طالب: فعل مضارع مرفوع وعلامة رفعة الضمة الظاهرة على آخره.

المدرس: اين الفاعل؟
طالب: ضمير مستتر تقديره (هو).
المدرس: ما نوع الجملة افعلية ام أسمية؟
طالب: فعلية.
المدرس: وهكذا تأتي الحال جملة فعلية وتكون في محل نصب. والآن لنعود إلى الفعل (يضحك) نجد أن فاعله المستتر الضمير (هو) يعود على (محمد) إن هذا الضمير المستتر يسمى رابطا إذ يربط جملة الحال بصاحبها. من يكون جملة أخرى تكون الحال فيها جملة أسمية.
طالب: دخل محمد الصف وهو يضحك.
المدرس: من يعرب جملة (وهو يضحك)؟
طالب: مبتدأ وخبر.
المدرس: إن الضمير (هو) الذي اعربناه (مبتدأ) يكون رابطا مع الواو. أي أن الجملة فيها رابطان، إلا أننا يمكن أن نأتي بجملة فيها رابط واحد، وهو الضمير كقولنا (جاء الجندي سلاحه محمول) وقد يكون الرابط واواً فقط كقولنا: جاء الطلابِ والسماء ممطرة. وكما عرفتهم أن الخبر على أنواع كذلك الحال، وقد أخذنا في الدروس الماضية أن الخبر يأتي شبه جملة، وشبه جملة هو...
طالب: الجار والمجرور. طالب: ظرف المكان أو ظرف الزمان.
المدرس: كيف يأتي الظرف حالا.
طالب: حلقت الطائرةُ بينَ الغيومِ.
المدرس: من يعرب (بين الغيوم)؟
طالب: ظرف منصوب وهو مضاف، الغيوم: مضاف إليه مجرور.
المدرس: من يكوّن جملة تكون الحال فيها جاراً ومجروراً؟
طالب: دَخَلَ الطلابُ الصفَّ بانتظامِ.
المدرس: عرفتم أنواع الحال، المفردة، الجملة، شبه الجملة، وسبق أن قلنا إن الحال المفردة لا جملة ولا شبه جملة.

المدرس: من يكوّن جملة تكون الحال فيها مثنى؟

طالب: جاء الطالبان مسرعين.

المدرس: مسرعين اسم منصوب علامة نصبه..

طالب: الياء لانه مثنى.

المدرس: ينصب جمع المذكر السالم بـ(الياء) أيضا عندما يأتي حالاً مثل: أقبل الطلابُ مسرعين...الخ.

4- القاعدة: (5) دقائق:

المدرس: ولو سئلنا ما الحال؟ لقلنا:

طالب: اسم. **طالب آخر:** منصوب. **طالب آخر:** نكره. **طالب آخر:** يأتي بعد صاحب الحال.

المدرس: نقصد يأتي ليبين هيأة صاحب الحال.

طالب آخر: أي أن الحال اسم نكرة منصوب يبين هيأة الحال وتكون الحال جوابا لـ(كيف).

طالب آخر: أستاذ قلنا أنه على ثلاثة أنواع.

المدرس: ممتاز يا محمد فالحال يأتي مفردا وجملة وشبه جملة.

يثبت المدرس بعد ذلك القاعدة بعد تهذيبها على السبورة وبشكل واضح وبخط جميل.

5- التطبيق (5) دقائق.

المدرس: عند خروجك من المدرسة شاهدت في الشارع جنديا يحمل سلاحه عائدا من جبهات القتال، وقد حييته فقلت لاصدقائك بعد ذلك: قابلت الجندي يحمل سلاحهُ ما نوع الحال في هذه الجملة؟ وأين صاحبها؟

طالب: الحال جملة والجملة فعلية.

طالب آخر: صاحب الحال الجندي.

المدرس: لماذا الجندي معرفة؟

طالب: لأنه صاحب الحال.

طالب آخر: كلا... يا أستاذ لأنه معرف بـ(ال).

انتهى الدرس.

ملاحظة: على المدرس ترتيب الجمل على السبورة متسلسلة من غير ان يمسح جملة واحدة، وان يترك مجالا بارزا لكتابة التعميم (القاعدة) فينتهي الدرس واضحا ومنظما من غير إرباك للطلبة، وينتهي الدرس بالتنظيم السبوري.

التنظيم السبوري

اليوم ______ الموضوع:الحال الأول المتوسط آ

التاريخ______ الحصة: الثانية

أ	ب
1- دخل محمدٌ الصفَّ مسروراً	1- دخلَ محمدٌ الصفَّ يضحكُ
2- قابلتُ فاطمةَ مسرورة	2- دخل محمدٌ الصف وهو ضاحكٌ
3- أُنزِلَ الكتابُ مفصلاً	3- جاءَ الجنديُّ سلاحُهُ محمولٌ
4- آمنتُ بالله خالقاً	4- جاء الطلابُ والسماءُ ممطرةٌ
5- جاء الطالبان مسرعَين	ج
6- أقبل الطلابُ مسرعِين	1- حلقت الطائرة بين الغيوم
	2- دخل الطلاب الصف بانتظام

القاعدة: الحال: اسم منصوب يؤتى به لبيان هيأة صاحب الحال ويصلح وقوعه جوابا لـ(كيف).

صاحب الحال: هو الاسم الذي تبين الحال هيأته أو حالته ويأتي فاعلا أو مفعولا به أو نائب فاعل أو مجروراً ويجب ان يكون معرفة.

الحال ثلاثة أنواع:

1- الحال المفردة.
2- الحال الجملة: وهي نوعان، جملة فعلية وجملة اسمية.

3- الحال شبه الجملة وهي نوعان: ظرف للزمان أو المكان والجار والمجرور.

الرابط: الحال الجملة لابد من ان تشتمل على رابط يربطهما بصاحب الحال والرابط يكون ضميرا أو واواً وضميراً، أو الواو فقط.

ثانيا: التدريب النحوي الجيد

إن الدرس النحوي يكون ناجحا إذا اتسمت الطريقة المتبعة في تدريسه بما يأتي[1]:

1- مساعدة الطلبة على أن يدركوا وظيفة القاعدة وحاجتهم إليها وقيمتها في حياتهم.

2- إطلاق طاقاتهم النشاطية من خلال هذا الإدراك.

3- بذل الجهد الذاتي في تطبيقها على أمثلة واستعمالات جديدة.

وعليه فإن التدريب الجيد في درس النحو هو الذي يرتبط بأهداف تدريسية وإذا تذكرنا أن الغاية من درس النحو هي:

1- سلامة نطق الصوت اللغوي، وصحة ضبط الكلمة المفردة ومركبة في الكلام.

2- معرفة منهج العربية في تأليف الجملة وصوغ التركيب.

3- فهم وظيفة الكلمة في الجملة ومعرفة الفروق بين التركيب.

واستنادا إلى هذه الأهداف أن أحسن أنماط التدريب اللغوي هو ما قام بتلبيتها أو حقق هذه الغايات الثلاث.

ويمكن القول أن التدريب النحوي يتخذ الانماط الآتية:

1- حمل المتعلم على وضع القاعدة النحوية موضع التطبيق في كلام ينشئه أو التعبير عن فكرة مخصوصة تطرح عليه.

2- حمل المتعلم على تلمس الفروق المعنوية بين أداة وأداة وكلمة وكلمة، وتركيب وتركيب، وعدم قصر الاهتمام في تدريبه على معرفة الآثار

---

(1) من قضايا تعليم اللغة العربية (رؤية جديدة) د. نعمة رحيم العزاوي ص 132–135.

الإعرابية التي تتركها الكلمات أو الأدوات في غيرها.

3- حمل المتعلم على تحريك عدد من النصوص النثرية أو الشعرية التي تعرض عليه فعلا من الشكل أو الحركات، إن هذا يمكنه من الإفادة مما درس من قواعد في ضبط ما يقرأ أو يكتب، إن هذا النمط من التدريب يفضل الإعراب الذي هو سرد لمصطلحات غامضة وترديد لعبارات جاهزة فقط أكثرها مدلولة في ذهن الطالب.

والتدريبات التقليدية من أمثال استخرج وعين، ومثل لما يأتي، وأكمل ما يأتي، واعرب تدريبات تقتصر على تحقيق الأغراض الملمح إليها.

نورد فيما يلي بعض التدريبات التقليدية:

1- أدخل (إن) أو إحدى أخواتها على الجمل الآتية:

- صديقنا طبيب.

- المعلم الجديد مؤدب.

- التلاميذ مجتهدون

إن هذا التدريب لا يحقق التعليم الوظيفي لـ(إن) وأخواتها وإنما الغرض منه هو تدريب الدارس على معرفة الأثر الإعرابي الذي تتركه هذه الأدوات فيما يليها من أسماء، وهناك عيب آخر في هذا التدريب هو ان بعض أخوات (إن) لا تصلح للدخول على هذه الجمل مثل (لعل، ليت، كأن، لكن).

وعليه فإن التدريب الجيد على (إن واخواتها) هو ان ندرب على استعمال كل منها على حدة ليدرك الطالب وظيفتها في التركيب ويفهم الموقف الطبيعي الذي تستعمل فيه.

فللتدريب على (إن) نقول للدارس: أكد بـ(إن) الجمل الآتية واضبطها بالشكل (صديقنا طبيب، المعلم الجديد مؤدب، التلاميذ مجتهدون) وللتدريب على (ليت) نقول للدارس: تمن أن يكون صديقك طبيباً، وأن يكون المعلم الجديد مؤدباً... وهكذا نفعل مثل ذلك في التدريب على (كأن) وأن نقول للدارس (شبه المعلم بالأب في حنانه، شبه النجوم بالمصابيح شبه الجندي بالاسد).

وللتدريب على نوع المفعول المطلق في الجمل الآتية: فهم الطالب الدرس فهماً، فهم الطالب الدرس فهماً حسناً لا نقول للطالب بين المفعول المطلق في الجملتين وإنما نقول له: في جملة "فهم الطالب الدرس" أكد الجملة السابقة مرة وبين نوع الفهم فيها مرة أخرى مستفيدا من قاعدة المفعول المطلق.

ثالثا: الطريقة القياسية (الاستنتاجية)

القياس أو انتقال الفكر من الحكم على كلي إلى الحكم على جزئي أو جزيئات داخله تحت هذا الكلي.

ونحصل على الطريقة القياسية عند تطبيق هذا النوع من الاستدلال في التعلم، والطريقة القياسية هي في الواقع صورة موسعة لخطوة التطبيق من الطريقة الاستقرائية.

وفي القياسية إما ان يقدم المدرس الأسس العامة والقواعد والقوانين جاهزة إلى الطلبة لتطبق على الأمثلة والحقائق الجزئية التي تصدق عليها تلك القوانين والقواعد، أو انه يفسر ويشرح لهم القواعد والحقائق التي سبق أن ألقيت عليهم.

وتتطلب هذه الطريقة عمليات عقلية معقدة لأنها تبدأ بالمجرد أي بذكر القاعدة كلها، وفي هذه مخالفة لسير النمو اللغوي عند الإنسان ومخالفة لطبيعة اللغة المتعلمة نفسها، فالمعلم أو المدرس بعد كتابة القاعدة كلها يقوم باستخراج بعض النتائج الفعلية والمنطقية من خلال تدقيق ما تحويه تلك المفاهيم، وينتقل بذلك إلى القضايا الجزئية والمفهومات المشخصة.

وفي الواقع إن الجزئيات أقرب إلى مدارك المتعلمين من الكليات، وإن الكليات التي هي قليلة الشمول أقرب إلى مدارك المتعلمين من التي هي كثيرة الشمول.

إن هذه الطريقة لم تكن حديثة العهد فهي أقدم طريقة استخدمت في تعليم قواعد
النحو العربي.

وما تزال تستخدم في بعض مدارس الدول العربية وكانت كتب النحو المدرسية القديمة كلها تسير بحسب هذه الطريقة مثل كتاب النحو الوافي، وكتاب جامع الدروس

العربية، وكتاب قواعد اللغة العربية لتلاميذ المدارس الثانوية.

والحقيقة ان القياس والاستقراء عمليتان متداخلتان، فهما يكونان معا في كل تفكير صحيح، إذ أن التفكير عملية عقلية واحدة، وان العقل يعتمد كلا الاسلوبين في حل مشكلاته وعقباتهن ولكن ما بين الاسلوبين من تداخل فإن الاستقراء هو طريقة العقل الأول والقياس طريقة العقل الثاني.

غير أن الطريقة الاستقرائية هي الطريقة الطبيعية التي تسوق إليها الطبيعة سوقا متأنيا لا عنف فيه.

ويندفع إليها التفكير اندفاعا لا تكلف معه وإن ذلك أدعى إلى توصيل المعلومات والحقائق إلى أذهان المتعلمين واضحة جلية لا غموض فيها. وتنطبع في أذهانهم وتكون جزءا من ذاتهم.

أما القياسية التي تقوم على إلحاق الشبيه بشبيهه لانطوائه معه تحت قانون عام أو قاعدة كلية فهي ذات أهمية في الحياة العملية، غير أنها ليست الطريق الطبيعي الأول في كشف القناع عن المجهول، بل إن القياس يأتي طبيعيا في المرتبة الثانية بعد أن العقل الخصائص والمميزات التي تكون لديه الحكم العام.

مزايا الطريقة القياسية:

1- إن هذه الطريقة سريعة لا تستغرق وقتا طويلا كالطريقة الاستقرائية، فالحقائق العامة والقواعد والقوانين تعطي بصورة مباشرة من الدرس، وتكون كاملة ومضبوطة لان الوصول إليها كان بالتجريب، والبحث الدقيق.

2- يجب ألا يتبادر إلى الذهن أنها لا تساعد الطلبة على تنمية عادات التفكير الجيدة، فالتفكير لا يعتمد على الطريقة فقط بل يحتاج إلى المادة وإلى الحقائق التي يجب أن يعرفها الطالب بدقة اذا أراد أن يطبقها في حل المشكلات وتفسير الفرضيات الجديدة بمهارة وحذق.

3- يرغب فيها معظم المعلمين والمدرسين لأنها سهلة لا يبذل فيها المدرس أو

المعلم جهدا كبيرا في اكتشاف الحقائق.

4- التلميذ الذي يفهم القاعدة فهما جيدا يستقيم لسانه أكثر من التلميذ الذي يستنبط القاعدة من أمثلة توضح قبل ذكرها.

5- سبيلها الوحيد الحفظ فهو الذي يعين على تذكيرها.

6- إنها تساعد المعلم أو المدرس على ان يستوفي موضوعات المنهج وينتهي من الموضوعات المقررة، وتذلل له ما ألقي على عاتقه من منهج المادة.

7- تصلح للتدريس في المرحلة الثانوية والدراسة الجامعية.

مآخذ على الطريقة القياسية

1- إن الغرض الأساسي من هذه الطريقة هو حفظ القاعدة واستظهارها مع عدم الاهتمام بتنمية القدرة على تطبيقها، ويمكن ان تلائم المتخصصين في دراسة اللغة لمسايرتها لأسلوب القدماء في دراسة النحو، ولكنها لا تلائم تلاميذ المدارس لان الغرض من تعليمهم النحو ليس الاستظهار بل التطبيق.

2- كثيرا ما ينصرف التلاميذ عن الدرس والمدرس عند استخدام هذه الطريقة لان موقف التلميذ من خلالها موقف سلبي ومشاركته من خلالها بالفكر والرأي مشاركة ضعيفة.

3- تتنافى هي وما تنادي به قوانين التعليم من حيث البدء بالسهل والتدرج إلى الصعب، فهي تبدأ بالكل وتنتهي بالجزء أي تبدأ بتقديم القاعدة أو القانون أو التعميم وتنتهي بالأمثلة وهذا يشكل صعوبة في استيعابها وتمثلها.

4- ينسى التلاميذ هذه القواعد بعد حفظها، لان حفظهم لها لا يقترن بالفهم ولم يبذلوا جهدا في استنباطها والوصول إليها وقد اثبت التجارب التي أجريت في ميادين علم النفس أهمية إدراك التلميذ لمعنى ما يتعلمه في دفعه إلى التعلم وتحبيبه فيما يتعلمه.

5- لقيت هذه الطريقة معارضة كثيرة من المعلمين لانها تشتت انتباه التلاميذ وتفصل بين النحو واللغة، وهذا يشعر التلميذ أن النحو غاية يجب أن تدرك وليس وسيلة لإصلاح العبارة وتقويم اللسان، كما أن الأمثلة مفروضة على التلاميذ فرضا.

6- لقد أثبت علميا أن هذه الطريقة لا تكون في التلميذ السلوك اللغوي الصحيح، لأن الأساس الذي رتبت عليه هذه الطريقة يستهدف تحفيظ القاعدة واستظهارها فالتلميذ يكون معتمدا على غيره، وقد يفقد ميزة البداهة كلما مر عليه الزمن، ويفقد ولعه ولذاته في الـدرس وفي المدرسة.

7- إن هذه الطريقة لا تصلح لتعليم الصغار.

خطوات الطريقة القياسية

1- **التمهيد أو المقدمة (5 دقائق):** وهي الخطوة التي يتهيأ فيها الطلبة للدرس، وذلك بالتطرق إلى الدرس السابق مثلا، وبذا تكون لدى الطلبة خلال هذه الخطوة الدافع إلى الدرس الجديد والانتباه له.

2- **عرض القاعدة (5 دقائق):** تكتب القاعدة كاملة ومحددة وبخط واضح ويوجه انتباه الطلبة نحوها بحيث يشعر الطالب أن هناك مشكلة تتحداه وانه يجب ان يبحث عن الحل، ويؤدي المدرس هنا دورا بارزا ومهما في التوصل إلى الحل، وهو وضع الجمل بلا شك.

3- **تفصيل القاعدة (20-25) دقيقة:** بعد ان يشعر الطلبة بالمشكلة يطلب المدرس في هذه الخطوة أن يأتي الطلبة بأمثلة تنطبق عليها القاعد انطباقا سليما لأن ذلك مدعاة لتثبيت القاعدة ورسوخها في ذهن الطالب وعقله.

4- **التطبيق (5 دقائق):** بعد ان يضرب المدرس أمثلة كثيرة ووافية بمشاركة الطلبة يكون الطالب قد يصل إلى شعور بصحة القاعدة وجدواها، ولذلك يمكن ان يطلب المدرس من طلبته التطبيق على هذه القاعدة قياسا على

الأمثلة التي تناولوها خلال تفصيل القاعدة.

خطة لتدريس القواعد بالطريقة القياسية

اليوم _____ الموضوع _____ الصف أو الشعبة _____

التاريخ _____ الحصة _____

الهدف العام: ثابت في جميع الخطط.

الهدف الخاص: وهو ما يخص الموضوع المعني.

خطوات التدريس:

1- **التمهيد:** يثبت المدرس بعض أمثلة التمهيد (5) دقائق.

2- **عرض القاعدة:** تثبت القاعدة كاملة في الخطة (5) دقائق.

3- **تفصيل القاعدة:** يفصل المدرس القاعدة بضرب الأمثلة التي توضح القاعدة (20-25).

4- **التطبيق:** تثبت بعض الأمثلة التطبيقية (5) دقائق.

درس نموذجي في تدريس توكيد الفعل المضارع وفعل الأمر للصف الرابع الثانوي بالطريقة القياسية

الهدف العام: ثابت في جميع الخطط.

الهدف الخاص: إن الهدف الخاص من تدريس هذا الموضوع هو أن يتمكن الطالب من معرفة:

1- كيفية توكيد الفعل المضارع وفعل الأمر.

2- شروط توكيد الفعل المضارع والأمر.

3- استعمال الأفعال المؤكدة استعمالا صحيحا عند الكتابة والحديث.

خطوات الدرس:

1- **التمهيد:** (5) دقائق.

المدرس: درسنا في الدرس السابق توكيد الفعل الماضي بغير النون فلماذا لا يؤكد الفعل الماضي بنون التوكيد؟

طالب: لان حدوث الفعل الماضي مضى وانقضى، ونحن نقصد التوكيد بالنون ما يدل على الزمن المستقبل.

المدرس: ما مؤكدات الفعل الماضي.

طالب: المفعول المطلق مثل: أنطلق محمد انطلاقاً.

طالب آخر: دخول (قد) على الفعل الماضي مثل: قد قام محمد.

طالب آخر: القسم ولامه: و اللـه قد انتصر الحق.

2-3- كتابة القاعدة وتفصيلها (35) دقيقة

تكتب القاعدة على السبورة بخط واضح وجميل ومفصل على النحو الآتي:

أ - يؤكد الفعل المضارع وجوبا بنوني التأكيد الثقيلة والخفيفة إذا كان جوابا لقسم، متصلا بلام القسم، مثبتا، مستقبلا مثل: و اللـه لأنطقن بالحق.

المدرس: نلاحظ المثل مطابقا للشروط الواردة في القاعدة (أ) فالفعل (لأنطقن) وقع جوابا للقسم (و اللـه) واتصل بلام القسم والفعل مثبت ويدل على الاستقبال لإنه مضارع، وإعرابه فعل مضارع مبني على الفتح لاتصاله بنون التوكيد الثقيلة حرف لا محل له من الإعراب، وهكذا يقيس الطلاب على هذا المثال أمثلة أخرى إضافية.

المدرس: من يكوِّن لي جملا أخرى؟

طالب: تالله لأحفظن القصيدة.

طالب آخر: وحياتك لأكتبن الرسالة.

أما انتفاء الفعل فيكون باختلال أحد شروط القاعدة (أ) والأمثلة:

1- و اللـه لسوف أنطق بالحق، فنلاحظ أن هناك فاصلا بين القسم وجوابه وهو (سوف).
2- تالله لاحفظ القصيدة الآن، وجود كلمة (الآن) تدل على الحال.
3- وحياتك لا أكتب الرسالة، جواب القسم منفي بـ(لا).

ب- يؤكد الفعل المضارع جوازاً إذا وقع بعد ما يدل على الطلب وهو:

1- **الاستفهام:** هل تذهبن إلى المدرسة؟ ويجوز ان نقول هل تذهب إلى المدرسة.
2- **الطلب:** لتدرسن الموضوع ويجوز ان نقول لتدرس الموضوع فالفعل (تدرسن) فعل مضارع مبني على الفتح لاتصاله بنون التوكيد الثقيلة وهو في محل جزم لدخول لام الأمر عليه.
3- **التحضيض:** ألا تحترمن أخاك. يجوز أن نقول: ألا تحترم أخاك.
4- **العرض:** ألا تزورن المتحف، ويجوز ان نقول: ألا تزور المتحف.
5- **النهي:** لا تؤخرن عملك. ويجوز أن نقول: لا تؤخر عملك. الفعل (تؤخرن) مبني على الفتح لاتصاله بنون التوكيد الثقيلة في محل جزم بـ(لا) الناهية.
6- **التمني:** ليت الشباب يعودن يوما. ويجوز ان نقول: ليت الشباب يعود يوما.
7- **الترجي:** لعلك تنجحن في الامتحان، ويجوز ان نقول:لعلك تنجح في الامتحان.
8- **(أما) المركبة من (إن) الشرطية المدغمة بـ(ما) الزائدة:** أما تدرسن تنجح ويجوز أن نقول: أما تدرس تنجح، فالفعل (تدرسن) في محل جزم فعل الشرط، والفعل (تنجح) مجزوم جواب الشرط، وهكذا يؤكد المدرس على إعراب الفعل في الحالتين في جميع الجمل وبمشاركة الطلبة.

ج- يؤكد فعل الأمر جوازا من غير شروط مثل: داومن على المطالعة فالفعل (داومن) فعل أمر مبني على الفتح لاتصاله بنون التوكيد الخفيفة ويجوز ان نقول داوم على المطالعة، فيكون الفعل أمر مبني على السكون، وهكذا بقية الأمثلة مثل: اسمعن نصيحة ابيك وقولن حقيقة ما تعرف.

فائدة: فعل الأمر المعتل مثل (صم) و(نم) و(سر) ترد عينه عند التوكيد مثل (صومن) و (نامن) و (سيرن).

4- **التطبيق: (5) دقائق.**

المدرس: أكد الفعل (يقول) بنون التوكيد الثقيلة.

طالب: و الـلـه لأقولن الحق.

المدرس: ويؤكد فعل الأمر (قل) بـإرجاع عينه المحذوفة عند توكيد بالنون قولن

الحق.
انتهى الدرس.

التنظيم السبوري

اليوم ______ الموضوع: أحوال توكيد الفعل المضارع وفعل الأمر الرابع العام (أ)

التاريخ______ الحصة: الثانية

أ- يؤكد الفعل المضارع وجوبا بنوني التوكيد الثقيلة والخفيفة إذا كان جوابا لقسم متصلا بلام القسم، مثبتا، مستقبلا، ويمتنع توكيده إذا وقع جوابا للقسم وفقد شرطاً من شروط وجوب توكيده.

1- و اللـه لانطقن بالحق	و اللـه لسوف انطق بالحق
2- تالله لاحفظن القصيدة	تالله لاحفظ القصيدة
3- وحياتك لاكتبن الرسالة	وحياتك لا أكتب الرسالة.

ب- يؤكد الفعل المضارع جوازاً إذا وقع بعد ما يدل على الطلب، أو بعد (أما) المركبة من (إن) الشرطية المدغمة بـ(ما) الزائدة، ويمتنع توكيده إذا لم يسبق بأداة تدل على الطلب، أو (إما) والطلب هو:

الاستفهام	هل تذهبن إلى المدرسة؟	هل تذهب إلى المدرسة؟
الطلب	لتدرسن الموضوع	لتدرسِ الموضوعَ.
التحضيض	ألا تحترمن أخاك	ألا تحترم أخاك
العرض	ألا تزورن المتحف	ألا تزور المتحف
النهي	لا تؤخرن عملك	لا تؤخر عملك
التمني	ليت الشباب يعودن يوما	ليت الشباب يعود يوما

الترجي	لعلك تنجحن في الامتحان	لعلك تنجح في الامتحان
ما المركبة	أما تدرسن تنجح	أما تدرس تنجح

ج- يؤكد فعل الأمر جوازا من غير شروط

داومن على المطالعة	داوم على المطالعة
اسمعن نصيحة أبيك	أسمع نصيحة أبيك
قولن حقيقة ما تعرف	قل حقيقة ما تعرف

فوائد:

1- تأتي لام القسم مفتوحة إذ تختلف عن لام الأمر التي تكون مكسورة أو ساكنة إذا سبقت بالفاء أو الواو، وقد تأتي لام القسم في جواب القسم المحذوف مثل قوله تعالى (**لَئِنْ لَمْ تَنْتَهُوا لَنَرْجُمَنَّكُمْ**)(يـس: من الآية18) وتسمى موطئة للقسم.

2- فعل الأمر المعتل مثل (صم) و (نم) و (سر) ترد عينه عند التوكيد مثل (صومن ونامن وسيرن).

3- إذا أكد الفعل بالنون الخفيفة والتقت بساكن حركت النون بالكسر.

4- التوكيد بالنون المشددة الثقيلة أقوى من التوكيد بالنون الخفيفة والتوكيد بالنون يؤكد حدوث الفعل المضارع أو الأمر من غير شك أو تردد.

رابعا: طريقة النص

تعتمد هذه الطريقة على نص مختار متصل المعنى، متكامل الموضوع يؤخذ من موضوعات القراءة أو النصوص الأدبية أو الكتب القديمة وقد سميت هذه الطريقة بعدة تسميات: منها طريقة الأساليب المتصلة، أو القطعة المساعدة، أو النصوص المتكاملة، الطريقة المعدلة (لأنها نشأت نتيجة تعديل الطريقة الاستقرائية) وفي الحقيقة فإنه لا فرق بينها وبين الاستقرائية من حيث الأهداف العامة، ولكن الفرق هو في النص الذي تعتمد عليه فهو نص متكامل يعبر عن فكرة متكاملة بينما تعتمد الاستقرائية على

مجموعة من الأمثلة أو الجمل التي لا رابط بينها.

إن الغاية من هذه الطريقة (طريقة النص) هو التمهيد للاتجاه الحديث في تدريس القواعد الذي يحقق للطالب ثقافة ولغة وأدبا ونحوا من خلال النص والواقع أن ما تحققه طريقة النص لم يكن حديثا، فقد كان متبعا في العصر الإسلامي، إلا ان التركيز على القواعد فقط في الوقت الحاضر أشعر بأن هذه الطريقة نمط حديث في تدريس قواعد اللغة العربية.

ومن هنا وتمشيا مع أهداف النص وطريقة تدريسه ألفت نصوص في النحو اعتمدتها كتب القواعد المقررة في المراحل الدراسية كافة وقد روعيت القيم السامية والمعاني التهذيبية، والمفاهيم الوطنية والقومية، والتوجيهات التربوية في تلك النصوص.

وفي الحقيقة أن ما تحققه طريقة النص لم يكن حديثا فقد كان متبعا في العصر الإسلامي إلا أن تركيزنا على القواعد فقط في الوقت الحاضر وترك الفوائد الأخرى جعلنا نحس أنها نمط حديث في تدريس لغتنا.

مزايا طريقة النص

1- إن تعليم القواعد على وفق هذه الطريقة يجاري تعليم اللغة نفسها، لأن تعليم اللغة يجيء عن طريق معالجة اللغة نفسها، ومزاولة عباراتها بواسطة عرضها بصورة صحيحة على الأنظار والأسماع.

2- إن مزج النحو بالتعبير الصحيح يؤدي إلى رسوخ اللغة وأساليبها رسوخا مقرونا بخصائصها الإعرابية

3- إن تعليم القواعد من خلال اللغة يحببها للطلبة لشعورهم باتصال لغتهم بالحياة.

4- انها تجعل القاعدة جزءا من النشاط اللغوي، فهي تدربهم على القراءة السليمة وفهم المعنى، وتوسيع دائرة معارفهم وتدريبهم على الاستنباط.

مآخذ على طريقة النص

1- ليس من السهل الحصول على نص متكامل يخدم الغرض الذي وضع من

أجله لأن الذي يكتب النص لم يهدف إلى مراعاة غاية لغوية معينة أو معالجة موضوع نحوي معين.

2- يتصف النص عادة بالاصطناع والتكلف إذا ما كان الهدف تضمينه مسائل

نحوية معينة يحتاج إليها درس معين.

3- قد لا يستوفي المدرس خطوات طريقة النص جميعا، وبخاصة إذا كان النص مطولا إذ سيضيع وقت الدرس ولا يصل إلى القاعدة المطلوبة.

4- قد يضطر المدرسون إلى ترك النص واللجوء إلى الجمل التي لا تكلفهم وقتا طويلا أو أنهم يسوقون أمثلة إضافية لان النص عجز عن استيعابها.

خطوات طريقة النص

1- **التمهيد:** يمهد المدرس بالتطرق إلى الدرس السابق ليهيئ الطلبة إلى الدرس الجديد.

2- **كتابة النص:** يكتب النص على السبورة ثم يقرؤه المدرس بتركيز ووضع وبطريقة يؤكد من خلالها المفردات التي يدور حولها الدرس، ويفضل استخدام الطباشير الملون لكتابة تلك المفردات أو الجمل التي هي موضوع الدرس.

3- **تحليل النص:** يقوم المدرس بتوضيح ما يتضمنه النص من القيم والتوجيهات وينفذ من خلال ذلك إلى القاعدة بعد ان يصبح الطلبة على إلمام كبيرة بالمفردات التي ستستنتج القاعدة من خلالها .

4- **القاعدة أو التعميم:** يكتب المدرس القاعدة بخط واضح وبالطباشير الملونة وفي مكان بارز على السبورة.

5- **التطبيق:** ويعني ان يطبق الطلبة على القاعدة أمثلة إضافية، ويكون من

خلال الإجابة على اسئلة المدرس، أو تكليف الطلبة تأليف جمل معينة حول القاعدة.

خطة لتدريس القواعد بطريقة النص

اليوم______ الموضوع______ الصف أو الشعبة ___________

التاريخ________ الحصة_________

الهدف العام: ثابت في جميع الخطط.

الهدف الخاص: وهو ما يخص الموضوع المعني.

خطوات الدرس:

1- التمهيد: يثبت المدرس بعض الأمثلة للتمهيد (5) دقائق.
2- كتابة النص: يكتب النصل كاملا في الخطة.
3- تحليل النص (20-25) دقيقة: يوضح المدرس كيفية النص بما فيه من معان وقيم وكيفية الدخول في الموضوع النحوي المطلوب.
4- القاعدة أو التعميم (5) دقائق: تثبت القاعدة في الخطة.
5- التطبيق (5) دقائق: تثبت بعض الأمثلة التطبيعية في الخطة.

درس نموذجي لتدريس اسم الفاعل للصف الثالث المتوسط بطريقة النص

الهدف العام: ثابت في جميع الخطط.

الهدف الخاص: ان يتمكن الطالب من معرفة:

1- صياغة اسم الفاعل.
2- شروط أعمال اسم الفاعل.
3- استخدام اسم الفاعل استخداما صحيحا عند الحديث والكتابة.

خطوات الدرس:

1- التمهيد: (5) دقائق.

المدرس: درسنا في الدرس الماضي الأعداد المركبة وهي من (11-19) عدا الرقم (12) مثل.

طالب: رأيت أحد عشر كوكبا.

المدرس: ما إعراب (أحد عشر)؟

طالب: عدد مركب مبني على فتح الجزئين في محل نصب مفعول به.

2- كتابة النص على السبورة وكما يأتي: (5) دقائق.

قال رجل لأبنه: (اعلم يا بني أن العاقل كاتم سره وأن الجاهل فاضح أمره وان المحترم نفسه يحترمه الناس، وان المهين نفسه محتقر، وأعلم انه ما قصد أمراً إلا ناله الأهل سامع نصيحة أبيك).

3- تحليل النص: (5) دقائق

بعد ان يقرأ المدرس هذا النص قراءة جهرية يؤكد من خلالها المفردات الموضوعة للدرس، ينتقل إلى تحليل هذا النص بحيث يبين القيم التربوية المبثوثة فيه فيقول (لا شك أن كتمان السر من صفات العقلاء، وأن الجهلاء وحدهم لا يخفون سراً ولا شك أيضا أن احترام الناس يبدأ باحترام الإنسان لنفسه، والمحتقر من الناس هو الذي يحتقر نفسه أولا، والنص يحث على العمل، فالذي يصبو إلى هدف معين ويناضل من أجله لابد ان يصله وعلى كل فرد منا أن يسمع نصيحة أبيه).

ومن خلال هذا التحليل ينفذ المدرس إلى موضوع القواعد فيوضح أن اسم الفاعل يصاغ من الثلاثي على زنة (فاعل) ولدينا كلمات على هذا الوزن وردت في النص وهي: كاتم، فاضح، قاصد، سامع.

ويصاغ اسم الفاعل من غير الثلاثي بإبـدال (ياء) المضارعة (ميما) مضمومة وكسر ما قبل آخره (المحترم، المهين) ان اسم الفاعل يعمل عمل فعله ستة شروط لستوفي النص قسما منها وهي:

1- أن يقع اسم الفاعل خبرا مثل: كتم) خبر (إن) مرفوع وهو اسم فاعل فاعله ضمير مستتر تقديره (هو) و(سره) مفعول به لاسم الفاعل منصوب.

2- أما اسم الفاعل (المحترم) فقد عمل عمل فعله لاقترانه بالألف واللام وفاعله ضمير مستتر تقديره (هو) و(نفسه) مفعول به لاسم الفاعل، و(المحترم) هو اسم (أن) وخبر (أن) جملة (يحترمه) الناس. وكذلك (المهيمن نفسه محتقر).

3- أما الشرط الثالث فهو يعتمد اسم الفاعل على نفي كما في (ما قاصد أمراً إلا ناله)، (فقاصد) مبتدأ وفاعله ضمير مستتر تقديره (هو) و (أمرا) مفعول به لاسم الفاعل، (إلا) أداة استثناء ملغاة، و(نال) فعل ماض وجملة (ناله) خبر للمبتدأ.

4- وأما الشرط الرابع فهو يعتمد اسم الفاعل على استفهام كما في (هل سامع نصيحة أبيك؟) (فسامع) مبتدأ وفاعله ضمير مستتر تقديره أنت والفاعل المستتر سد مسد الخبر (نصيحة) مفعول به لاسم الفاعل.

5- وقد ذكرنا في عرضنا لطريقة النص أن النص يظل عاجزا عن استيعاب جميع أبعاد القاعد، وهكذا نجد أن هذا النص لم يستوعب شرطين آخرين من شروط أعمال اسم الفاعل هما: أن يقع اسم الفاعل صفة أو حالا وهذا يضطر المدرس إلى ان يأتي بجمل أخرى لتوضيح القاعدة مثل:

6- أن يقع الفاعل صفة مثل: (مررت بروضة دانية ثمارها) (فدانية) صفة للروضة، و(ثمارها) فاعل لاسم الفاعل لم يتعد اسم الفاعل إلى مفعول به لان الفعل (دنا) فعل لازم.

7- والشرط السادس أن يقع اسم الفاعل حالا مثل جاء الجندي حاملا سلاحه (فحاملا) حال من الجندي وهو اسم الفاعل فاعله ضمير مستتر تقديره (هو) وسلاحه مفعول به لاسم الفاعل المنصوب.

4- خلاصة القاعدة (التعميم) (5) دقائق

اسم الفاعل: اسم مشتق لما وقع منه الفعل ويكون من لفظ فعله، ويصاغ من الفعل الثلاثي على وزن (فاعل) ومن غير الثلاثي يصاغ بإبدال ياء المضارعة ميما مضمومة وكسر ما قبل الآخر.

ويعمل اسم الفاعل عمل فعله بشروط هي:

1- أن يكون معرفا بـ(ال).

2- إذا كان مجردا من (ال) يجب ان يعتمد على (نفي، استفهام، أن يقع صفة، أن يقع حالا، أن يقع خبرا، أن يقع منادى مثل يا طالعاً جبلاً).

5- التطبيق (5) دقائق:

المدرس: صغ اسم الفاعل من الفعل (قاتل) وضعه في جملة مفيدة.

طالب: المقاتل شجاع.

طالب آخر: أمقاتل أخوك العدو.

طالب آخر: ما مقاتل الجبان الأعداء.

التنظيم السبوري

| اليوم _____ | الموضوع: اسم الفاعل | الصف: الثالث المتوسط (أ) |
| التاريخ _____ | | الحصة الثانية |

يكتب النص كاملاً...................................

القاعدة...................................

خامسا: طرائق أخرى

1- أسلوب المواقف التعليمية

ترجع أصول هذا الأسلوب إلى العشرينات والثلاثينات من هذا القرن، وكان من رواده (Palmer) و (Hornby) إذ وضعا الأساس المنهجي للمبادئ والإجراءات التي يمكن ان تستخدم لانتقاء محتوى الكتاب المدرسي وتنظيمه.

وفي الواقع إن استخدام أسلوب المواقف في الدرس النحوي في اللغات الأجنبية يختلف عما هو عليه لتدريس قواعد اللغة العربية، إذ لم يكن في اللغة الأجنبية – وهي تستخدم هذا الأسلوب- موضوع نحوي بنفسه. فالتلميذ من خلال ممارسة المواقف المستمرة تتضح لديه القواعد النحوية التي جعلت الجملة صحيحة ومضبوطه.

في حين يكون هذا الأسلوب في تدريس موضوع نحوي بذاته باستخدام مواقف محسومة تقع ضمن مدركات التلاميذ من خلال المشاهدة، أو السماع، أو العيش في الحياة اليومية في البيت أو الشارع أو الجو المدرسي، إن تلك المواقف تستثير دوافع التلاميذ، وتجلب الفرحة والسرور إلى نفوسهم، ترغبهم في مشاركة المعلم خلال عرضه للموضوع.

فالمحيط وما هو موجود فيه من وسائل معينة كلها تساعد التلاميذ على استخدام مفردات لغوية كثيرة تمكنهم من تكوين العبارات المناسبة والجملية، ولم يقتصر ذلك على المعلم والتلميذ فقط بل يجب ان يكون المنهج محببا إلى نفوس التلاميذ من خلال الجمل والعبارات التي يحتوي عليها. التي تربط التلاميذ بواقع حياتهم اليومية.

إن هذا الأسلوب يتطلب كتابة الخطة قبل العرض لكي يتمكن المعلم من التفكير بالمواقف التي تخدمه عند عرض الموضوع وتعليمه للتلاميذ.

وكثيراً ما تأخذ الأعمال المحسومة والإجراءات الإدراكية لدى تلاميذ المرحلة الابتدائية صفة التماسك والثبات التي تؤدي بدورها إلى اتساع المجال المعرفي

لديهم.

ولأسلوب المواقف التعليمية مزايا عديدة كما تعكسها الأدبيات المتصلة به وهي:

أ- إن هذا الأسلوب يقوم أساسا على التصور السابق لمواقف الحياة التي تستدعيها حاجات التلاميذ اليومية.

ب- يجعل التلاميذ محور التركيز والاهتمام فهو يعمل على اشتراك جميع تلاميذ الصف في التعبير عن المواقف بجمل تخدم الموضوع، ويتم ذلك بمساعدة معلمهم.

ج- يثير في المتعلم الدافعية نحو المادة العلمية وفهمها، فالتلميذ لا يتعلم إلا إذا كان مهتما اهتماما شديدا ولن يكون مهتما إلا إذا كان مدفوعا بدافع قوي إذ ينتبه ويفكر ويعمل فيتعلم.

د- يستخدم اللغة اللفظية واللغة غير اللفظية من أجل صياغة الأمثلة الصحيحة التي تتلاءم هي والموضوع النحوي المراد تدريسه واللغة غير اللفظية هي مواد يمكن بها زيادة جودة التدريس وتزويد التلاميذ بخبرات تعليمية باقية الأثر، وتتمثل بالمعينات التعليمية.

ه- يتفق هذا الأسلوب هو واتجاهات الفكر الفلسفي التربوي المعاصر إذ أن للفلسفة البراكماتيكية أو فلسفة الذرائع أثراً كبيراً فيه لان وظيفة التعليم الرئيسية في هذه الفلسفة تقوم على تمكين الفرد من التكيف مع المجتمع الذي يعيش فيه، وإمداده بالوسائل أو الذرائع التي تساعده على ذلك.

إن تعليم اللغة ليس مجرد حفظ مجموعة من الكلمات والتراكيب أو مجموعة من المبادئ والقواعد، وإنما هو استخدام فعال لكلمات اللغة وتراكيبها وقواعدها في المواقف الاجتماعية المختلفة، زيادة على ما تقدم فإن اسلوب المواقف التعليمية يتفق هو واتجاهات علم النفس المعاصر الذي يؤكد أن غالبية أطفال المدرسة الابتدائية يتعلمون بشكل مجز من خلال الأشياء والمواقف المحسومة.

2- أسلوب تحليل الجملة

يقوم هذا الأسلوب على فلسفة تحليل اللغة بالاعتماد على المعنى إذ يأخذ بنظر الاعتبار بعض العبارات ودلالتها، فنحن إنما نريد أن نتحدث إلى الآخرين يجب أن نختار الكلمات الملائمة من ناحية القواعد والمعنى.

وذلك يعني أن اللغة تحتم نظاما يجب من ناحية القواعد والكلمات وتنظيمها في القول، لأن كل كلمة تحتل موقعها في الجملة وتحدد وظيفتها النحوية تبعا لهذا الموقع.

إن هذا الأسلوب بعد ذلك يعتمد على المعاني ومواطن الاستعمال في تدريس قواعد اللغة العربية لانه يعمل على تحديد وضع الحركة الإعرابية الصحيحة بفهم معنى المفرد أو الجملة أولاً، فنحن عندما نقرأ لا نقرأ الكلمات مشكولة،

وعندما نريد التعبير عما يجول في خواطرنا لا يمكن ان تكون عبارتنا مشكولة أيضا بل الذي يشكلها هو المعنى الذي تؤديه، وموطن الاستعمال الذي تستعمل فيه.

إن أسلوب تحليل الجملة بوصفه اسلوبا لتدريس قواعد اللغة العربية إذ يقوم على

أن يحلل الطلبة بالتعاون مع المدرس النص سواء أكان ذلك النص آية قرآنية ام حديثا نبويا أم بيتا من الشعر، أم قولا مأثورا أم جملة اعتيادية - تحليلا يقوم على الفهم المعنى، إذ أن فهم المعنى من غير شك ييسر للطالب الوصول إلى تحديد موقع اللفظة أو الجملة من الإعراب، وذلك لأن النظام النحوي في اللغة العربية يدور حول فكرة الإعراب، فهو الفكرة المركزية في النحو العربي، وهو الإطار الضروري في التحليل النحوي.

إن تحديد موقع اللفظة يعني أن الطالب يمكن ان يتوصل إلى الاستنتاج الصحيح للقاعدة النحوية.

وأن التحليل سوف يحمل الطالب على التركيز والدقة في الفهم للنص. وأعمال الفكر فيه، تحريك قدرة النقد لديه، مما يؤدي -بتكرار هذه العملية- إلى النظر إلى الجمل النحوية بعناية أكثر واهتمام أفضل، وبالتالي الفهم الصحيح وإطلاق الأحكام السليمة للغة.

وهكذا يستطيع الطالب أن يركب الجمل تركيبا صحيحا وأن يضبط الألفاظ أو الكلمات، ويتذوق النصوص إنه يستطيع ان يكتب بطريقة خالية من الأخطاء، وأن يتكلم بطريقة أخرى يستطيع بها تجنب الأخطاء قدر المستطاع، وأن هذا الأسلوب يحتج بعد ذلك من أن الأخطاء تتكرر نتيجة عدم فهم المعنى أي معنى التراكيب المختلفة.

فالطالب عندما يقرأ قوله تعالى (**إِنَّمَا يَخْشَى اللـه مِنْ عِبَادِهِ الْعُلَمَاءُ**)(فاطر: من الآية28) وجريا على ما تعلمه يعرب (يخشى) فعل و(اللـه) لفظ الجلالة فاعلا لانه جاء بعد الفعل. في هذا خطأ كبير أي لابد من تحكيم المعنى فالعلماء هم الفاعل المتأخر واذ ذاك يستقم المعنى، ويصح الإعراب.

وهاك مثالا آخر قال تعالى (**أَنَّ اللَّهَ بَرِيءٌ مِنَ الْمُشْرِكِينَ وَرَسُولُهُ**)(التوبة: من الآية3) فالذي يعطف (رسوله) على المشتركين يكون قد ارتكب خطأ كبيرا لأن لفظة (رسوله) معطوفة على لفظ الجلالة (اللـه) وعندئذ يكون ضبطها بالنصب أو الرفع لـ(رسوله).......إن المعنى هنا أيضا هو الفيصل بين الخطأ والصواب.

ومن الأمثلة على ذلك أيضا قوله تعالى (**لَتَجِدَنَّ أَشَدَّ النَّاسِ عَدَاوَةً لِلَّذِينَ آمَنُوا الْيَهُودَ وَالَّذِينَ أَشْرَكُوا**)(المائدة: من الآية82) فإذا عطف (الذين اشركوا) على (الذين آمنوا) باعتماد اللفظ يكون ذلك مخالفة واضحة لمنطق التاريخ.

فالذين أشركوا لم يكونوا في عداوة مع اليهود، بل إنهما تحالفا ضد الذين آمنوا أيضا، وعليه فإن المعنى يحتم أن يعطف الذين اشركوا على اليهود.

ومثال آخر قول امرئ القيس

ولو أن ما أسعى لأدنى معيشة   كفاني ولم أطلب قليل من المال

فقد يجد عدد قليل من الطلبة في الشطر الثاني من البيت باعتماد اللفظ ان الصحيح (كفاني ولم أطلب قليلا من المال) بنصب (قليل) على أنه مفعول به للفعل (أطلب)..... وهذا خطأ لان اعتماد اللفظ غالبا ما يخدع القارئ أو السامع في ضبط الألفاظ، وبتحكيم المعنى يكون إعراب (قليل) فاعل (كفاني) والاصل كفاني قليل من المال ولم أطلب المزيد.

وخلاصة القول أن العرب كانت تنطق بألفاظ للتعبير عن معان فإذا أرادوا أن يسألوا عن جانب الحسن في زيد قالوا: ما أحسن زيد؟ واذا أرادوا التعجب من حسن زيد قالوا: ما أحسن زيدا! واذا أردوا نفي الإحسان قالوا (ما أحسن زيد).

3- زيادة على ما تقدم من طرائق وأساليب فإن هناك طرائق أخرى مثل (طريقة النشاط طريقة المشكلات وطريقة التعيين) .

أما طريقة النشاط فتقوم على أن يطلب المعلم من تلاميذه أن يجمعوا الجمل والنصوص والتراكيب التي تتناول مفهوما نحويا يراد تعلمه، ويلي ذلك أن يقوم المعلم باستنباط المفهوم النحوي، وتسجيل القاعدة ثم القيام بالتطبيقات المختلفة، ويرى مؤيدو هذه الطريقة أن عملية النشاط هذه تشجع على التعلم وعلى التفاعل مع هذه القواعد.

زيادة على أنها تضع بذور التعلم الذاتي والمستمر وتنتقد هذه الطريقة على أنها كمن يضع العربة امام الحصان فهنا بداية تتطلب أن يفهم التلاميذ المفهوم النحوي أو القاعدة وذلك قبل علمية جمع الأمثلة والجمل حتى تكون عملية الجمع سليمة، وهذا يتطلب مستوى معينا من النضج يكون مرتفعا لدى مستخدميها.

أما طريقة المشكلات فتقوم على أن يضع المعلم أمام طلابه مشكلة نحوية لا يتسنى حلها إلا عن طريق القاعدة الجديدة كأن يجمع عن طريق القراءة أو التعبير بعض الأخطاء التي نجمت عن عدم معرفة القاعدة، ويناقشها مناقشة تظهر منها حيرته وحاجته إلى ما يساعدهم على الخروج من هذه الحيرة.

وتأتي الخطوة اللاحقة وفيها يتناول المعلم مع تلاميذه هذه المشكلة التي سبق عرضها متيحا لهم الفرصة للانتقال إلى الخطوة الثالثة وفيها يوجه المعلم أنظار طلابه إلى اختيار التكوين في الجمل على ان ينتظر المعلم من طلابه الحل، فاذا ما عجزوا أخذ بأيدهم إلى القاعدة والضبط الصحيح.

تعد هذه الطريقة من الطرائق الجيدة لأنها تقوم على أساس الحاجات الحقيقة للتلاميذ وما يقعون فيه من أخطاء في كلامهم وكتاباتهم زيادة على أنها تهتم بتشخيص نواحي الضعف لدى التلاميذ وعلاجها.

أما طريقة التعيين فهي في الواقع ليست خاصة بالقواعد النحوية فقط، وإنما هي طريقة شاملة تتعامل مع اللغة عامة، وهي طريقة تتناسب إلى حد كبير مع الطلبة الجامعيين، ويصعب استخدامها مع طلبة التعليم العام، لانها تتطلب الرجوع إلى مصادر متعددة لاستيفاء شروطها، إن محور هذه الطريقة يعتمد

فقرة أو قصيدة من ديوان شعر يحدده المعلم أو يستقرئ أحد الطلبة، ثم يأخذ في تفسيرها وتترك الحرية للطلبة في أن يحللوا ويقارنوا ويربطوا ويعللوا.

والملاحظ أن هذه الطرائق والأساليب مهما تعددت أو تنوعت فإنها لا تخرج عن أسلوبين أثنين، أو طريقتين اثنتين هما:

- الطريقة الاستقرائية.

- والطريقة القياسية.

لأن أساليب التفكير الإنساني في الواقع لا تخرج عن ذنيك النمطين.

والطرائق الأخرى الكثيرة التي يطلق عليها روادها أو مبتكروها مسميات مختلفة ما هي إلا محاولات لتيسير الطريقتين الاستقرائية والقياسية، فطريقة النص مثلا ما هي إلا طريقة استقرائية ولذا تسمى المعدلة عن الاستقرائية اذ تعتمد نصا ذا معنى يحمل أفكارا مترابطة.

ومن خلال هذا النص يمكن التوصل إلى القاعدة النحوية، ولم يكن اختلافها عن الاستقرائية إلا في الشكل، فبدلا من أن يتوصل الطالب إلى القاعدة النحوية عبر أمثلة متعددة فهو يتوصل إلها عبر نص متكامل.

وإن طريقة النشاط لا تختلف في شيء عن الطريقة الاستقرائية أيضا سوى تكليف الطلبة القيام بجمع جمل أو مفاهيم نحوية يتدارسها الطلبة مع مدرسهم للوصول إلى قاعدة معينة.

أما طريقة المشكلات فإنها تعتمد إما على الاستقراء أو القياس فإذا ما وضع المدرس قاعدة نحوية وعدها مشكلة، وتمكن الطلبة من حل هذه المشكلة بالتوصل إلى الأمثلة التي هي مفاتيح الحل فإنه (المدرس) يكون قد اتبع الطريقة القياسية.

أو ربما يضع جملة معينة أو جملا قد تكون أبياتا من الشعر مثلا، ويطلب من طلابه تحليل هذه الأبيات لإصدار حكم معين حول إعراب مفردة أو مفردات معينة، ليتمكن التوصل بعد ذلك إلى قاعدة نحوية معينة، فإنه هنا اتبع الطريقة

الاستقرائية ولا تختلف بعد ذلك طريقة التعيين عن الطريقة التكاملية التي تعتمد بدورها الأسلوب الاستقرائي.

ولعل أسلوبي المواقف وتحليل الجملة هما من أحدث الأساليب التي عملت على تيسير الطريقة الاستقرائية على وفق منظور وفلسفة جديدين.

الفصل الرابع
القراءة والنصوص وتاريخ الأدب

- المطالعة والقراءة.

(مفهومها، أنواعها، أهداف وخطوات التدريس، خطة لتدريس موضوع في القراءة، درس نموذجي في تدريس القراءة، درس نموذجي في تدريس القراءة وظيفيا).

- النصوص.

(مفهومها، أهدافها، خطوات تدريسها، خطة لتدريس موضوع في النصوص، درس نموذجي في تدريس النصوص).

- تاريخ الأدب

(مفهومه، أنواع دراسته، أهداف تدريسه، خطوات تدريسه، خطه لتدريس موضوع في تاريخ الأدب، درس نموذجي في تدريس تاريخ الأدب).

المطالعة (القراءة)

مفهوم (القراءة)

القراءة عملية يراد بها إيجاد الصلة بين لغة الكلام والرموز الكتابية، وتتألف لغة الكلام من المعاني والألفاظ التي تؤدي هذه المعاني. فهي إذن عملية عضوية نفسية عقلية، فمن حيث كونها عملية عضوية فإن العين تعد نفاذة الإنسان وحاسته لرؤية ما يقع عليه البصر، والعين في الواقع تقرأ قراءة صامتة بالتقاطها مجموعة من المادة المكتوبة.

إن العين تقوم بذبذبات فوق الكلمات وبخاصة عندما تقرأ مادة لأول مرة أو عندما يحس القارئ أنه قد أخطأ في القراءة. ومن هنا فإن سلامة العين تأتي في مقدمة الشروط التي يجب توافرها لدى القارئ... وهكذا فإن عملية العضوية ترتبط اولا وآخرا بهذا العضو العجيب الذي اسمه العين.

أما كونها عملية نفسية فإن لها علاقة وثقى بالاتزان العاطفي والاستقرار النفسي، ذلك لان الاضطراب والاختلال والحالة النفسية الطارئة أي ما تتعرض له نفس القارئ من ألم أو خوف أو غيرها تفقد القارئ غالبا السيطرة على أداء الأعضاء المسؤولة عن عملية القراءة فيرتبك البصر والسمع وربما يتعطل جهاز النطق.

أما كون القراءة عملية عقلية فإنه أمر لا يقبل للشك لأن افتقاد أي عنصر من عناصر التفكير يفقد القراءة مضمونها وجدواها أي أن ما يصدر من أصوات من الإنسان تأخذ صفة العشوائية وهي قد لا تختلف عما يصدر من أي حيوان من أصوات.

ويمكن القول أن هذه الأبعاد الثلاثة العضوية والنفسية والعقلية تؤدي متضامنة إلى إتمام عملية القراءة لان عملية القراءة الجيدة تتطلب إحساسا سليما ووجدانا مطمئنا وعقلا فاعلا، ونطقا صحيحا، وهذا يعني بعبارة أخرى أن المدرس الناجح يجب ان يتأكد أن طلبته مستعدون جسديا ونفسيا وعقليا.

إن القراءة بعد ذلك تتكون من ثلاثة عناصر هي المعنى الذهني واللفظ الذي يؤديه، والرمز المكتوب، وتبدو مهمة المدرس جلية في التأليف السريع بين هذه

العناصر الثلاثة إذ انها تحدث معا في كل عملية قراءة وبسرعة فائقة.

لقد تطور مفهوم القراءة من قراءة لا تخرج عن حدود الإدراك البصري للرموز المكتوبة إلى صيرورتها عملية فكرية عقلية، فهي قديما قراءة ببغاوية مهمتها أن ينطق القارئ الألفاظ والعبارات سواء أكان يفهم ما يقرأ ام لم يفهم. وسواء أكان يحس بالمعنى ام لم يحس.

ثم أخذ هذا المفهوم الخاطئ بطبيعة الحال بالاختفاء والزوال إذ حل محله مفهوم جديد إذ اقتضت القراءة معه الفهم وعمق البصيرة وإدراك المعاني المترجمة فيما بعد إلى سلوك وعمل يخدم الفرد والمجتمع معا.

والواقع ان التطور أو قل سنة التطور الحتمية ممثلة بحركة التطور الاجتماعية والنهضة واتساع البحوث العلمية ومعرفة البحوث التجريبية في ميادين التربية وعلم النفس، ومنها ميادين القراءة نفسها هي التي أدت إلى أن تأخذ القراءة هذا المفهوم الجديد المتطور، فالقارئ أصبح يتفاعل مع النص المقروء يجعله يرضى أو يسخط، ثم استخدم ما يفهمه وما يستخلصه مما يقرا في مواجهة المشكلات والانتفاع في المواقف الحيوية.

إن للقراءة وظيفة مهمة في حياة الفرد وحياة المجتمع ففي حياة الفرد تكون عملية دائمة (كان الفرد قديما يتعلم ليقرأ، ثم صار اليوم يقرأ ليتعلم) زيادة على أن عالم اليوم هو عالم قراءة وإطلاع، فعلى الرغم من تعدد الوسائل الثقافية الأخرى غير القراءة فحاجة الفرد للقراءة تظل تحتل المركز الأول في حياته لما تمتاز به من السهولة والسرعة والحرية، وإن القراءة وسيلة الفرد للاتصال بالآخرين ممن تفصلهم عنه المسافات الزمنية أو المكانية، فلولا القراءة لانعزل الفرد جغرافيا وعقليا. أنها بعد ذلك أساس كل عملية تعليمية ومدخل لجميع المواد الدراسية، ألم يفشل كثير من الطلبة لضعفهم القرائي في مادة القراءة والمواد الأخرى؟ أو لم يخفقوا بعد ذلك في حياتهم؟.

أما وظيفتها الاجتماعية فإنها تكون وسيلة لارتباط المجتمع بغيره عن طريق الصحافة والرسائل والمؤلفات وما إلى ذلك، وأنها وسيلة مهمة تدعو إلى التفاهم

والتقارب بين عناصر المجتمع، زيادة على دورها الرائد في تنظيم المجتمع، لقد مثل أحدهم القراءة في المجتمع مثل الأسلاك الكهربائية تحمل النور إلى بقعه فتنيرها، والعاجزون عن القراءة كمثل بقعة ليست مستعدة لتلقي هذا النور.

أنواع القراءة

أ- القراءة الصامتة

وهي القراءة التي لا يستخدم فيه الجهاز الصوتي فلا يتحرك فيها اللسان ولا الشفاه، وتتم عن طريق العين الباصرة التي تنقل المادة المخطوطة إلى الدماغ إذ تستوعب المعاني والأفكار. والقراءة الصامتة أكثر استخداما من القراءة الجهرية فهي توفر الوقت للقارئ وتجلب له الراحة والاستمتاع، وتتيح له القيام بعمليات التفكير العليا بهدوء وانسجام، فهي إذن تقوم على عنصرين الأول مجرد النظر بالعين إلى رموز المقروء، والثاني هو النشاط الذهني الذي يستثيره المنظور إليه من تلك الرموز.

إن للقراءة الصامتة أهمية كبرى إذ أنها الوسيلة الطبيعية التي يجدها الإنسان ممكنة الاستخدام في اكتساب المعرفة، والفرد يلجأ إليها دائما في جميع الأماكن وفي مختلف الظروف، زيادة على أنها ضرورية جدا لإجادة القراءة الجهرية إذ يجب أن تسبقها وبخاصة لدى الطلبة إقرارا للمعنى في ذهن القارئ، وتسهيلا لسلامة نطق الكلمات والعبارات.

وعلى المدرس في القراءة الصامتة أن يلاحظ أن طلبته يؤدونها فعلا، وأن يدلهم على كيفية اكتشاف الصعوبات المعنوية واللفظية والتركيبية في أثنائها، وأن يتبع القراءة بالمناقشة والأسئلة حول المعاني والمفاهيم العامة التي تضمنها المقروء.

ب- القراءة الجهرية

وهي القراءة التي يستخدم فيها الجهاز الصوتي، إذ نسمعها ونُسمعها للآخرين ولكي تتحقق القراءة الجهرية ينبغي لها الشروط الآتية:

- روية المادة المكتوبة بشكل واضح.

- ضبط حركات القراءة وسكناتها.
- مراعاة علامات الترقيم.
- تسكين أواخر الكلمات (العرب لا تبدأ بساكن ولا تقف على متحرك).
- التعبير عن المعاني (قراءة مصورة للمعنى).

وللقراءة الجهرية أهميتها، فعلى الرغم من احتلالها المرتبة الثانية بعد القراءة الصامتة، فإن الإنسان يحتاج إليها مدرسا ومحاميا وخطيبا ومذيعا ونحو ذلك.

إن هذه المواقف بلا شك تتطلب جودة النطق والتأثير باللفظ وحسن التعبير الصائت عن المعاني ومراعاة القواعد النحوية والصرفية، وهذه مهمة لا تتوافر إلا لمن أجاد القراءة الجهرية وتدرب عليها تدريبا كافيا.

وعلى المدرس في القراءة الجهرية أن يراعي أشعار كل من القارئ والسامع بأهمية المقروء حتى يقبلا عليه بتلهف. وألا يقاطع القارئ الجهري لأن أي مقاطعة تربك القارئ وتقلل ثقته بنفسه فيظل يتعثر ولا ينطق فيها وأن يدعو المدرس زملاءه الآخرين إلى تحمل مسؤولياتهم كلما أتيحت فرصة لطلبتهم أن يقرؤوا أمامهم قراءة جهرية بأن يعملوا على تقويمهم وتهذيب سلوكهم القرآني.

أهداف تدريس القراءة

1- فهم المقروء والتفاعل معه، والانتفاع به، إذ أن تمثل المعنى هو أهم أهداف القراءة والاستفادة من ذلك في السلوك.
2- تزويد المتعلم بالمهارات الاساسية وتتمثل في جودة النطق وصحته وفي الطلاقة في القراءة وصحة الإلقاء أو الأداء، والتعبير عن المعاني المقروءة وبالتالي يكتسب المتعلم السرعة في القراءة والاستقلال فيها.
3- اكساب المتعلم ذخيرة مناسبة من الألفاظ والتراكيب التي يرقى بها تعبيره ويصح أسلوبه الشفهي والكتابي.
4- اكساب المتعلم المقدرة على تخليص المقروء، وتقديم مضمونه بشكل موجز ولغة سليمة.

5- اكساب المتعلم القدرة على تذوق الجمال وتلمس مواطنه فيما يقرأ.
6- تكوين روح النقد والتقدير لقيمة ما يقرأ إذ يستطيع نقد المادة المقروءة وبيان رأيه فيها معززا ذلك بالتعليل المناسب والدليل المقنع.
7- خلق الجرأة في نفس المتعلم على أسماع الآخرين ما يقرأ من غير تردد أو خجل وبطريقة إلقائية جيدة تجتذب أسماعهم إليه.
8- اكساب المتعلم حب القراءة والميل إليها حتى تصبح هواية من هواياته يعتمد عليها في تحصيل الثقافة زيادة على كونها طريقة محببة للتسلية والمتعة.

خطوات تدريس القراءة

1- **التمهيد:** الغرض منه تهيئة أذهان الطلبة إلى الموضوع الجديد، وتوجيه أفكارهم إليه بطريقة مشوقة، ولا يعني هذا مجرد الوصول إلى عنوان الدرس بقدر ما يعني أن يشعر الطلبة بعد التمهيد بحاجة إلى قراءة الموضوع ليهتدوا بعد ذلك إلى حل المشكلة التي أثيرت، وقد يكون التمهيد بتوجيه بعض الاسئلة من المدرس وقد يكون بربط الموضوع بمعلومات أخرى لدى الطلبة، أو قد يكون بالتعريف بمؤلف الموضوع.
2- **قراءة المدرس النموذجية:** يقرأ المدرس النص قراءة جهرية وبصوت واضح يسمعه الجميع مراعيا في ذلك تقطيع العبارات، وبيان أساليب الاستفهام والتعجب والأمر والأخبار وما إلى ذلك إذ ان القراءة المعبرة تتصف بحسن الأداء والنطق السليم وتمثل المعاني، ويعد تمثيل المعاني من الأمور المهمة إذ يظهر جمالية النص وروعته، ويبعث في الطلبة السرور واللذة من هذا النوع تخلق المنافسة بين الطلبة في محاكاة مدرسهم.
3- **القراءة الصامتة للطلبة:** ينبغي أن يرشد المدرس طلبته في القراءة الصامتة إلى ان يقرؤوا الموضوع قراءة صامتة أي بالعين من غير همس أو تحريك شفه، وينبه المدرس طلبته إلى أن يمسكوا أقلام الرصاص ويضعوا خطا تحت الكلمات التي لا يعرفون معناها أو العبارة أو الجملة الغامضة لديهم، على ان

يتعود الطلبة الاستفسار عن الكلمات التي لا يعرفون معناها حقا. إن الوقت المقرر للقراءة الصامتة يحدده طول الموضوع وطبيعته ونوعية مفرداته، وعلى المدرس ان يترك للقراءة الصامتة وقتا كافيا على أساس الطالب المتوسط (متوسط القراءة والفهم).

4- **شرح المفردات اللغوية:** يثبت المدرس المفردات الصعبة، وبخاصة المفردات التي يسأل الطلبة عن معناها، وعلى المدرس ان يوضح هذه المعاني بطريقة واضحة وجيدة إذ ان بعض المفردات تعطي أكثر من معنى، وبعضها يتطلب قرائن عديدة لفهمها، وعلى المدرس أيضا أن يهتم بمعنى المفردة في الموضوع ليكون معنى العبارات في موضوع الدرس واضحا. وتعد هذه الخطوة من الخطوات المهمة، فالقصد منها إعانة الطلبة على فهم المعنى، وزيادة ثروتهم اللفظية، إن حسن أداء الطلبة في قراءتهم الجهرية بعد ذلك يتوقف إلى حد كبيرة على فهمهم معنى ما يقرؤون.

5- **القراءة الجهرية للطلبة:** تأخذ هذه الخطوة معظم وقت الدرس إذ ان القصد من القراءة هو أن يقرأ الطالب لا ان يتعلم نحوا أو أدبا أو أن يكتب موضوعا إنشائيا على الرغم من أهمية الترابط بين فروع اللغة، يقرأ أولا أقدر الطلبة على القراءة الذين يستطيعون محاكاة المدرس في قراءته أكثر من غيرهم، على أن يقرأ الطالب فقرة أو أكثر، وينبغي أن يشارك معظم الطلبة إن لم يكن جميعهم في القراءة الجهرية، (وتستغرق هذه الخطوة نصف وقت الدرس).

6- **استخلاص الدروس والعبر:** ينبغي للمدرس أن يدرك أن الموضوع المطالع يحمل هدفا معينا، ويرمي إلى غاية منشودة، وعلى المدرس في هذه الخطوة ان يوجه بعض الاسئلة إلى طلبته ليكتشف مدى استيعابهم للموضوع ومن ثم يسأل عن الفوائد العملية المستقاة من النص على أن يلخص المدرس ذلك بأسلوب مبسط وواضح يستطيع الطلبة من خلاله تمثل هذه المعاني التي يحملها النص المقروء.

خطة لتدريس موضوع في القراءة

اليوم _____ الموضوع _____ الصف أو الشعبة _____

التاريخ _____ الحصة _____

الهدف العام: الثقافة العامة وتذوق الجمال ورقي مستوى التعبير، وتنمية ملكة النقد، والمتعة الشخصية (ثابت في جميع خطط القراءة).

الهدف الخاص: سلامة النطق ودقته، وضبط الحركات، والقراءة التعبيرية، وفهم المعنى، الفوائد العملية المستقاة من الموضوع المطالع وهذه الفوائد في الواقع تشكل الهدف الخاص من ذلك الموضوع.

خطوات الدرس:

1- التمهيد: يوضح المدرس الطريقة التي سيمهد بها للموضوع المختار (5) دقائق.

2- قراءة المدرس النموذجية (5) دقائق.

3- القراءة الصامتة للطلبة (5) دقائق.

4- شرح المفردات اللغوية: يثبت المدرس المفردات الصعبة ومعانيها (5) دقائق.

5- القراءة الجهرية للطلبة (20) دقيقة

6- استخلاص الدروس والعبر (5) دقائق يثبت المدرس أهم العبر المستخلصة من الدرس المطالع.

درس نموذجي في تدريس القراءة بعنوان (أمي) للأديب المهجري أمين مشرق

الهدف العام: ثابت في جميع الخطط.

الهدف الخاص: سلامة النطق ودقته وضبط الحركات، والقراءة التعبيرية، وفهم المعنى وبيان دور الأم في رعاية أبنائها وبيان مدى حنانها وحبها لأولادها، وتبصير الطلبة باحترام وتقدير الأمومة.

1- **التمهيد:** الأم هذا الرمز المقدس الذي جعل اللـه سبحانه وتعالى إطاعته من إطاعة الوالدين، والأم هي الحنان والتضحية والدفء بها كرم اللـه الخلق وتحت قدميها وضع جنته الواسعة، فأي تكريم هذا؟ والي موقع تحتله الأم بين مخلوقات اللـه العظيمة؟ إنها شجرة وارثة الظلال تحمينا من هجير الصيف وصدر دافئ يحمينا من قسوة الشتاء تفرح لفرحتنا لمقابلتنا، تحزن حزنا عميقا لمجرد أذى يصيبنا في هذه الحياة. فتستقبل هذه الأذى بدلا عنا، فما أروع الأم وما أكرمها؟! بعد هذا كله من تعرف كيف تقف في محرابها خاشعة.

2- **قراءة المدرس النموذجية:** يقرا المدرس موضوع (أمي) وهو من منهج الصف الاول المتوسط.

أمي للأديب المهجري أمين مشرق.

يا علّة كياني ورفيقة أحزاني، يا رجائي في شدّتي، وعزائي في شقوتي يا لذتي في حياتي وراحتي في مماتي، يا حافظة عهدي ومطيبة سُهدي، وهادية رشدي، يا ضاحكة فوق مهدي، وباكية فوق لحدي، ما أحلاك يا أمي!

إذا تركني أهلي لا تتركيني وان ابتعد عني أحبابي فأنت لا تبتعدين، وإن نقمت علي الحياة جميعها فأنت تصفحين وترحمين، أنت يا مسكنة وجعي وألمي، ومبيدة بؤسي وهمي أنت وما أصفاك يا أمي!

على بساط الأوجاع ولدتني، وبأيدي الآلام ربيتني، وبعيون الاتعاب رعيتني، وبصدر المشقات حميتني، ثم كبرت، فقلوت آلامك وهجرت وسلوت أيامك، هكذا نسيت رحمي واحتقرت دمي، فما أعقني وما أوفاك يا أمي!

قد غبت عنك يا أمي، فغاب عن عيني وجهك الباسم بملامحه الرقيقة الرزينة ومعانيه الدقيقة الحنون، وتراكمت على رأسي هموم الحياة بضجيجها الهائل فضعضعت فكري، وزلزلت قلبي، وتقاذفتني أمواج المتاعب والشقاء فغزت في لجج طامية وظلمات داجية، وبعينين غشى عليهما الرعب من

أعماق قنوطي فرأيت وجهك اللطيف الثابت يبتسم إليّ من الأقاصي البعيدة، فبكيت وبكيت وصرخت (يا أمي)!

آه! ما أقسى الغربة وما أمر الوحشية! قد كرهت البقاء يا أمي واشتاقت نفسي إلى ماضيها الدفين، قد كرهت القصور الفخمة والمباني الشاهقة، واشتاق قلبي إلى بيتنا المنفرد، قد كرهت روائح العطور الفائحة من التماثيل المتغطرسة في (برودواي) واشتاقت حواسي إلى رائحة الأمومة المنتشرة من (فسطانك) العتيق، فقد كرهت (نيويورك) وكرهت (أمريكا) وكرهت العالم. ولم يبق في الحياة إلاك-إلاك أي أمي!

في المساء عندما أنظر على فراشي الخشن القاسي، أذكر قدميك اللطيفتين الناعمتين تنقران الأرض حول سريري، وفي الصباح أفتح عيني لأراك، فلا أرى غير جدران غرفتي السوداء، ولأسمعك فلا اسمع غير الغرباء، وفي النهار أمشي بين النساء مفتشا متسائلا (أيتها النساء هل رأيتن أمي؟) جراء الكلاب تجلس في أحضان أمهاتها وفراخ الدجاج تحتمي تحت أجنحة أمهاتها، وغصون الأشجار تبقى معانقة امهاتها، أنا – أنا وحدي- بعيد عنك مشوق إليك يا أمي!

إذ مت يا أمي، إذا قتلني وجدي ودفنت آمالي في هذه الأرض القاسية الغريبة، فاجلسي عند الغروب، قرب غابة السنديان واصغي!هناك روحي امتزجت بنسمات الغابة، واشجارها يرتلن متمايلات مرددات (يا أمي! يا أمي!).

3- **القراءة الصامتة للطلاب.**

4- **شرح المفردات اللغوية:**

السهد: السهر.

لحدي: قبري.

شقوتي: شقائي أو عذابي.

تصفحين: تغفرين وتتسامحين.

قلوت: كرهت.

تنقران: تمشيان بهدوء ورفق.

مبيدة: مزيلة.

الرزينة: الوقورة.

غرت: انحدرت.

قنوطي: يأسي نتيجة القلق والخوف.

جراء الكلاب: صغارها، مفردها (جرو).

يرتلن: الترتيل التمهل في القراءة.

لجج طامية: أمواج المياه الهائجة.

الماضي الدفين: الماضي البعيد.

التماثيل المتغطرسة: النصب التي تشير إلى التعالي والتكبر على الغير.

5- القراءة الجهرية للطلاب.

6- استخلاص الدروس والعبرهي:

– يجب على الطالب أن يجل الأم ويحترمها.

– عقوق الوالدين من كبائر الذنوب~.

– خدمة الوالدين طريق السعادة في الدنيا والآخرة.

– أن يدرك الطالب العاق لوالديه بأنه سيواجه السلوك نفسه من ابنائه مستقبلا.

– الاسرة السعيدة هي الأسرة القائمة على عطل الكبيرة على الصغير واحترام الصغير للكبير.

درس نموذجي في تدريس القراءة وظيفيا

يعتقد بعض المربين ان تدريس القراءة بتلك الطريقة آنفة الذكر أمر لا يشجع الطالب على القراءة والفهم إذ يقترحون اتجاها يعدونه حديثا في تدريس القراءة في المرحلة الابتدائية خاصة، ويرى داود عبده ان يدرس النص الآتي بالطريقة التي يجدها

مناسبة[1]. الحمار المغني

"هرب حمار وجمل من صاحبهما وسارا معاً حتى وصلا إلى غابة بجوارها مرعى نظيف. وبعد ان أقاما أياما في الغابة والمرعى، قال الحمار للجمل: إنني أشعر براحة وسرور، وأريد أن أغني بصوتي الجميل. فقال الجمل: لا تفعل فإني أخاف أن يسمعنا الإنسان فيربطنا ويضربنا وسيعذبنا عذابا شديدا. قال الحمار: لابد أن أغني، نهق الحمار نهيقا عاليا فسمعه جماعة من الناس فقبضت على الحمار والجمل، ورفض الحمار أن يمشي فوضع فوق الجمل، ولما شعر الجمل بالتعب قال للحمار: لقد طربت من غنائك في الغابة وأريد الآن أن أرقص، فقال الحمار: لا تفعل يا صديقي فإن في ذلك هلاكي. فقال الجمل: لقد زاد طربي، ورقص فسقط الحمار على الأرض ومات".

ينقسم المعلمون في الدخول إلى مثل هذا النص على ثلاثة أقسام: الأول يكتفي بالقول (درسنا اليوم هو الحمار المغني) افتحوا الكتب صفحة كذا واقرؤوا الدرس قراءة صامتة.

والثاني يثير اسئلة حول الحيوانات ويطلب منهم تسمية بعض الحيوانات الأليفة حتى إذ أورد على لسان التلاميذ كلمة حمار تكون المهمة قد انتهت وينطلق هذا القسم من هنا للدخول إلى الدرس.

ومن الواضح أن هذين المدخلين إلى الدرس لا يحققان التدرب على القراءة الفاهمة فهي أمور مفيدة بوصفها معلومات ولكنها لا تدرب على القراءة الفاهمة الناقدة.

أما القسم الثالث من المعلمين فيعد الدرس بشكل جيد مسبقا ويفكر في مقدمة للنص خليقة بأن تشوق التلاميذ لقراءتها بحثا عن مضمونا فتحقق عند التلاميذ اتجاها قرائيا صحيحا هو القراءة من أجل الفهم، وتنمي لديهم في الوقت نفسه ميلا نحو القراءة بشكل عام وإقبالا عليها لانها تصلح عملية ممتعة وذات معنى.

وعليه يمكن ان تكون هناك مداخل مختلفة لهذا النص ويمكن ان تكون كلها تمهيدات جيدة منها:

---

(1) نحو تعليم اللغة العربية وظيفيا،داود عبده ص 18-25.

1- يعرض المعلم صورة مكبرة للرسم الموجود في الكتاب (الحمار يركب فوق ظهر الجمل) ويطلب المعلم من التلاميذ النظر إلى الرسم الموجود في كتبهم ويشير إلى غرابة هذا المنظر، ثم يقوم: إذا كنتم ترغبون في معرفة السبب الذي جعل الحمار يركب فوق ظهر الجمل فاقرؤوا القطعة قراءة صامتة .

2- يجلب المعلم انتباه التلاميذ إلى عنوان القصة ويقول: هل منكم من سمع حماراً يغني؟ هل منكم من سمع ان الحمار يستطيع الغناء؟ لماذا؟ كيف يكون الحمار مغنيا؟ دعونا نقرأ القطعة قراءة صامتة لنتعرض كيف يمكن ان يغني الحمار فيطرب له بعض السامعين.

3- يناقش المعلم تلاميذه في الصفات المعروفة للحمار والجمل ثم يقول لهم: في كتابنا قصة عن حمار وجمل، اقرؤوها قراءة صامتة وحاولوا ان تعرفوا أي هذين الحيوانين أكثر صبرا وذكاء وبعد نظر.

إن من المحاور الأساسية للتدريب على قراءة هذه النص وفهمه هو إثارة الاسئلة الجيد وهذه الأسئلة في الواقع ليس من الضروري ان تلي القراءة الصامتة الأولى، فقد يطلب المعلم أن يقرأ التلاميذ القطعة قراءة صامتة للإجابة عن أسئلة محددة، حول بعض الأفكار الأكثر تفصيلا، وقد يرى المعلم أيضا تجزئة هذه القراءة الصامتة الثانية بحيث يقرأ النص فقرة فقرة طارحا بعد كل فقرة اسئلة أكثر دقة.

ويفضل داود عبده ان تكون القراءة صامتة لأن القراءة الجهرية ينصرف فيها التلاميذ إلى الاهتمام باللفظ والمقصود أن يهتم التلميذ اهتماما كاملا بالمعنى، وتتوقف إجابتهم الجيدة عن الأسئلة في حالة فهمهم للنص فهما جيدا لا مجرد فهم سطحي، وعليه يجب أن يدرب التلاميذ على القراءة المصحوبة بالاستيعاب الكامل وكذلك يجب ان تتطلب فهم المعاني الضمنية أي قراءة ما بين السطور إذ أن ذلك ينمي القدرة على فهم المعاني البعيدة والاستنتاج.

ولكي تكون هذه الاسئلة جيدة يجب أن تتصف بإثارتها للتفكير لانها تدرب التلاميذ على التفاعل مع المادة المقروءة.

لنعد الآن إلى قصة الحمار المغني لنرى الفرق بين الاسئلة السطحية الشائعة والاسئلة التي تثير التفكير وتتطلب الإجابة عنها فهما عمقيا.

وينقسم المعلمون عادة إلى ثلاثة أقسام أو أكثر في طرح الاسئلة فهناك أسئلة لا علاقة لها بمحتوى النص وهو نوع يجب تجنبه في مرحلة التدريب على الفهم واسئلة مباشرة يكفي الإجابة عنها فهم سطحي للنص وهو نوع يستحسن تجنبه أيضا.

وهناك أسئلة جيدة تثير التفكير وتختبر الفهم لمحتوى النص ولا يجيب عنها بدقة إلا من فهم النص فهما جيدا أو استوعب المعاني الضمنية فيه وهو النوع المرغوب فيه.

مثال الاسئلة من النمط الأول:

1- أيهما أكبر الجمل أو الحمار؟

2- أيهما أطول اذن الجمل ام اذن الحمار؟

3- أيهما أطول عنق الجمل أو عنق الحمار؟

4- أيهما يؤكل لحمه الجمل أم الحمار؟

ومثال الاسئلة من النمط الثاني:

1- كم حيوانا في القصة؟

2- اين هرب الجمل والحمار؟

3- لماذا قرر الحمار ان يغني؟

4- لماذا طلب الجمل من الحمار ألا يغني؟....الخ.

اما الاسئلة من النمط الثالث فهي أسئلة غير مباشرة تختبر الفهم وتثير التفكير

1- كان الإنسان في نظر الجمل مخيفا، لماذا؟

2- لماذا رفض الحمار ان يمشي؟ ولماذا لم يفعل الجمل فعله؟

3- لماذا لم يرقص الجمل فور أن وضع الحمار على ظهره؟

4- هل طرب الجمل حقا من نهيق الحمار؟ ما الذي يدل على ذلك؟

5- هل كان الجمل والحمار يأكلان في الغابة.

6- القي القبض على الحمار والجمل بعد هربهما بوقت ليس قصيرا، ما العبارة التي تدل على ذلك؟

7- لم يسقط الحمار عن ظهر الجمل في الغابة بل خارجها، ما الذي يدل على ذلك.

8- بقي الحمار فوق ظهر الجمل مدة قبل ان يسقط، ما العبارة التي تدل على ذلك.

وبديهي أن طرح السؤال الجيد في حد ذاته لا يؤدي بالضرورة إلى التدريب على الفهم العميق والتفكير والاستنتاج وإنما مناقشة الإجابات المختلفة وإظهار ما فيها من نقص أو خطأ هو الذي يؤدي إلى التدريب على الأمور السابقة.

النصوص الأدبية

مفهوم النصوص الأدبية

المقصود بالنصوص الأدبية مقطوعات أدبية ممتازة يتوافر لها حظ من الجمال الفني تحمل الطلبة على التذوق الأدبي، ولدراسة النصوص قيمة تربوية كبيرة فهي ترمي إلى تهذيب الوجدان وتصفية الشعور، وصقل الذوق، وإرهاف الإحساس.

إن الطلبة في المراحل الدراسية المختلفة أحوج ما يكونون إلى تنمية الجانب الوجداني، فلكي نخفف من أثقال الدراسة العقلية ونحرر عقول الطلبة من صرامة التعاريف والقوانين والصور المنطقية، والتقاسيم العقلية وغيرها من معوقات الدراسة العلمية نعمد إلى نقل الطالب إلى عالم الخيار ليعيش لحظات مع الصورة الأدبية الرائعة والكلام الشعري الساحر.

أهداف تدريس النصوص الأدبية

1- تمكن المتعلم من فهم التعبير الأدبي والتفاعل معه والاستجابه لما فيه من فكر وشعور.

2- تزويد المتعلم أنظمة اللغة وقواعدها بصورة غير مباشرة بوساطة ما يقرأ ويحفظ من شعر ونثر.
3- تنمية قدرة المتعلم على التعبير الفصيح، وتزويده بالثروة اللغوية المتمثلة في المفردات والتراكيب.
4- تمكين المتعلم من تذوق ما فيه النصوص الأدبية من صور فنية ومعان سامية وأساليب رفيعة.
5- استعمال الذاكرة في الحفظ والتذكر والتصور والتخيل.
6- تهذيب المتعلم بالمعاني الرفيعة والقيم النبيلة التي تشتمل عليها النصوص الأدبية.
7- تنمية قدرة المتعلم على إجادة الأداء وحسن الإلقاء وتمثيل المعاني.
8- تحبيب الأدب إلى نفس المتعلم وتشويقه إلى الاستزادة من قراءته وحفظه.

خطوات تدريس النصوص الأدبية

1- **التمهيد:** يمكن المدرس ان يهمد للنصوص بالحديث عن الشاعر أو الكاتب (صاحب النص) حياته، انتاجه، بيئته، أو يتطرق المدرس على شكل خطوط عامة إلى الموضوع الذي سيعالجه النص الشعري.
2- **قراءة المدرس النموذجية:** يقرأ المدرس النص كاملا قراءة نموذجية بعد أن يؤكد ضرورة متابعته من الطلبة إلى تحريك الكلمات على أن يراعي المدرس في قراءته حسن الأداء وتصوير المعنى إن مرحلة القراءة هذه مهمة وأساسية لانها كفيلة بتقويم ألسنة الطلبة وتجويد إلقائهم، وتعد كذلك تمهيدا صالحا لفهم المعنى.
3- **القراءة الصامتة للطلبة:** يقرأ الطلبة النص قراءة صامتة، والغاية منها ان تترك للطلبة فرصة لتلفظ الكلمات والتدريب عليها، وتحديد الكلمات الصعبة، والكلمات التي لم يتمكنوا من تحريكها، وعلى المدرس هنا ان يراقب طلابه ليتأكد من أنهم منهمكون فعلا بقراءة النص.

4- **القراءة الجهرية:** يقرأ بعض الطلاب الجيدين النص قراءة جهرية، ويفضل أن يقرا الطالب الواحد عددا من الأبيات لا تتجاوز ثلاثة إلى أربعة أبيات والغاية من هذه القراءة شد الطلبة الآخرين إلى النص وتشجيعهم على القراءة.

5- **شرح المعنى (الشرح التفصيلي):** تقسم المقطوعة الشعرية أو النثرية على وحدات، وقد تكون الوحدة بيتا أو أكثر، وقد تكون فقرة نثرية (والوحدة هي التي تحمل فكرة معينة) توضح أولا معاني المفردات الصعبة في الوحدة ثم المعنى العام للبيت أو الوحدة ويفضل ان يقرأ أحد الطلبة هذه الوحدة قبل البدء بشرح معناها... وهكذا بقية الوحدات. بعد ذلك يشرح المعنى العام للقصيدة ويكون على شكل تحليل عام للموضوع ثم اعطاء عناصره الأساسية وتأتي بعد ذلك عملية استنباط واستخلاص الفوائد العملية من النص سواء أكانت تلك الفوائد تتعلق بالخصائص الفنية للنص أم كانت تتعلق ببعض الأحكام عند الشاعر أو الكاتب أو عصره، ام فيما يتعلق بما يصوره النص من ظواهر البيئة الطبيعية أو الاجتماعية أو الحالة السياسية... وما إلى ذلك. وتجدر الإشارة إلى أنه ينبغي أن تكون الحقائق المستنبطة نابعة من النص نفسه يحسها الطالب ويزداد إحساسه بها كلما ازداد فهمه للنص، ذلك لأن الأدب في الواقع كائن حي يجب ان يسير على نموه على الناموس الذي تسير عليه الكائنات الحية في نموها (تستغرق هذه الخطوة معظم الدرس).

6- **القراءة الجهرية للطلبة:** يخصص ما تبقى من الدرس لقراءة الطلبة النص قراءة جهرية، إن هذه القراءة سوف تعتمد الفهم، وهي اذاك ستكون أقرب إلى الصواب واضمن للاتقان والإجادة ويفضل فيها ان يترك للطالب الاسترسال فيها وعدم مقاطعته أو الإكثار من الشرح من خلال هذه الخطوة اذ ان الهدف منها هو تدريب الطلبة على عملية الحفظ السليم الخالي من الأخطاء اللغوية والنحوية.

وفي نهاية الدرس يحدد المدرس الأبيات المطلوب حفظها وهي مطلوبة بطبيعة الحال في درس النصوص القادم.

خطة لتدريس النصوص الأدبية

اليوم _____ الموضوع _____ الصف أو الشعبة _____

التاريخ _____ الحصة _____

الهدف العام: تذوق الجمال، وعمق الفكرة، وخصب الخيال، وزيادة الثروة اللغوية والمتعة النفسية (ثابت في جميع الخطط).

الهدف الخاص: سلامة النطق وضبط الحركات، والقراءة المصورة للمعنى، وفهم المعنى + الهدف الأساسي من الدرس، وهو معرفة الفوائد العملية وعلى المدرس ان يثبت هذه الفوائد ضمن الهدف.

خطوات الدرس:

1- التمهيد: يوضح المدرس كيف سيمهد للدرس (5) دقائق.
2- قراءة المدرس النموذجية (5) دقائق.
3- قراءة الطلبة الصامتة (5) دقائق.
4- قراءة الطلبة الجهرية (5) دقائق.
5- شرح المعنى (الشرح التفصيلي) (5) دقائق.
6- قراءة الطلبة الجهرية (5) دقائق.

درس نموذجي في تدريس النصوص الأدبية بعنوان ميلاد الربيع للشاعر علي محمود طه المهندس للصف الثاني المتوسط

اليوم _____ الموضوع: ميلاد الربيع الثاني المتوسط (أ)

علي محمود طه المهندس

التاريخ _____ الحصة الأولى

الهدف العام: (ثابت في جميع الخطط)

الهدف الخاص: سلامة النطق وضبط الحركات، القراءة المصورة للمعنى، وفهم المعنى، وأن يتذوق الطلبة الجمال، وبخاصة جمال الطبيعة الذي يتجسد بأبهى صورة في فصل الربيع، وأن يدركوا أن هذه الطبيعة يزداد سحرها بالعناية بها، وتوجيه الطلبة إلى التأمل في بديع صنع البارئ عز وجل.

خطوات الدرس:

1- **التمهيد:** الشاعر علي محمود طه المهندس من شعراء مصر المعروفين ولد في سنة 1901م وله دواوين عديده مطبوعة أشهرها (الملاح التائه) و (ليالي الملاح التائه) وله مؤلفات عديدة أخرى منها كتابه (أرواح شاردة) وقد ألف مسرحيات غنائية منها مسرحية شعرية بعنوان (اغنية الرياح الأربعة) وتوفي في مصر أيضا سنة 1949م. ويمتاز شعره بالرقة والعذوبة وقدرته في سبك الألفاظ وتصوير المعاني.

2- **القراءة النموذجية للدرس:** يقرأ المدرس النص الشعري الآتي: ميلاد الربيع للشاعر علي محمود طه المهندس

كانَ وجهُ الثرى كوجه الماءِ	رائقَ الحسنِ مستفيضَ الضياءِ
مَظهرٌ يَبْهَرُ العيونَ وسحرٌ	هزَّ قلبَ الطبيعةِ العذراءِ
وجلا من بدائع المن روضاً	نَسَّقَتْهُ أناملُ الأغراءِ
ربوةٌ عندَ جدولٍ عندَ روضٍ	عندَ غيضٍ وصخرةٌ عندَ ماءِ
قلتُ: لم تُبدِ لي الطبيعةُ يوماً	حينَ أقبلْتُ مثلَ هذا الرُّواءِ
لا ولم يَسْرِ مِلءَ عيني وأذني	مثلُ هذا السَّنى وهذا الغناءِ

*****

كانَ فجرٌ وكانَ ثَمَّ صباحُ	فيه للحسنِ غُدوةٌ ورواحُ
وهنا جدولٌ على صفيحتهِ	يَرقُصُ الظِّلُّ والسَّنا الوضاحُ
وفَراشٌ له من الزهرُ الوا	نٌ ومن ريِّقِ الشعاعَ جَنَاحُ
وهنا ربوةٌ تلألأ فيها	خضرةُ العشبِ والندى اللماعُ
ونسيمٌ كأنَّهُ النفُس الحا	ئرُ تُصغي لهمسةِ الأدواحُ

لكأنّا بالكون أعلامُ ميلا

دٍ وعرسٌ قامْت له الأفراحُ

3- **القراءة الصامتة للطلبة.**

4- **القراءة الجهرية لبعض الطلبة.**

5- **شرح المعنى (الشرح التفصيلي):**يتضمن هذا النص بعض المفردات وعلى الوجه الآتي:

- رائق:لامع من راق الماء على وجه الأرض اذا لمع.
- يبهر: يعجب.
- غيض: غاض الماء نقص أو غار أو نضب
- الرواء: حسن النظر.
- الأدواح: جمع دوحة وهي الشجرة العظيمة المتسعة.
- مستفيض: منتشر.
- السنا: ضوء البرق.

تشكل الأبيات الثلاثة الأولى وحدة فكرية معينة، فالشاعر يشبه وجه الأرض في الربيع كوجه الماء من حيث البريق واللمعان والصفاء، فالماء يزيد الأرض حسنا، وهكذا يزداد حسن الأرض وجمالها لما ينبت فيها من شجر وجمال، ويجسد الشاعر هذا السحر في البيت الثاني عندما يخلب الجمال ناظريه اذ تهتز الطبيعة من الأعماق وهي الطبيعة العذراء في هذا الفصل، وقد وصفت الطبيعة بالعذراء لكونها طبيعة نقية لم تدنس. وينتهي الشاعر في معالجة هذه الوحدة عندما تتضح لديه ان الطبيعة كأنها لوحة فنية بديعة مغرية صممتها يد مهندس بارع، وهل هناك من هو أبرع من الخالق سبحانه وتعالى في صنعه؟!

ويشكل البيت الرابع وحدة مستقلة اذ يرسم الشاعر لوحة فنية أو منظرا طبيعيا يتمثل بجمال الربوة ومجاورتها لجدول ينساب فيه الماء فيسقى الروضة التي ينبت فيها شتى النبات البهي اذ تجاورها صخرة غار الماء من حولها أو نقص.

اما البيتان الخامس والسادس فيشكلان وحدة أخرى اذ يخاطب الشاعر نفسه بأنه لم ير في حياته منظرا جميلا مثل ما أبدت الطبيعة له في هذا الفصل اذ لم ير إشراقه كضوء البرق ولم يسمع غناء كغناء الطيور في هذه الروضة الجملية.
اما في البيت السابع فقد وصف الشاعر وقت الفجر ووقت الصباح حيث تجسد فيهما على شكل أسراب من الطير أو غيره غادية رائحة.
أما في البيت الثامن والتاسع والعاشر يذهب إلى رسم لوحة أخرى أذ يصف الأشجار المتعانقة على جانبي النهر عندما نتعكس صورتها بواسطة أشعة الشمس في مرآة الماء اذ تصبح لوحة أجمل وتزداد جمالا بحركة الفراش الذي أخذ لونه ألوان الزهر،واصبح لامعا اذ صنعت أجنحته من بريق الشعاع، ويتنقل من وصف النهر إلى وصف ربوة مجاورة لذلك النهر وقد اكتست بحلة خضراء من الشعب الذي يعلوه ندى الصباح فازداد جمالا وسحرا.
اما البيت الحادي شعر فهو صورة أخرى تكمل الصور التي رسمها الشاعر في الأبيات السابقة، فهناك النسيم الذي يتحرك كالنفس الحائر الذي تصغي إليه الأشجار العظيمة يهمس لها هذا النسيم العليل فتستجيب له متمايلة راقصة.
اما في البيت الأخير فقد وصف الشاعر الناس في هذا الكون الجميل باعلام رفعت ابتهاجا بمولود جديد أو حفلة عرس، وفي هذا التصوير لحركة الناس وبهجتهم بأيام الربيع الجملية وارتدائهم أحلى الملابس وأبهاها، وكأن الناس ولدوا من جديد بميلاد الربيع.
بعد ذلك ينتقل المدرس إلى العناصر الأساسية في النص اذ ان الشاعر قد وظف العناصر الطبيعية في بناء قصيدته أو رسم لوحته الشعرية فاعتمد على العناصر الآتية: الأرض والماء والشمس والطيور والأشجار والفراش والجداول والروابي والهواء والندى.
وقد امتاز الشاعر بحسن اختيار الألفاظ وجمال التصوير والتشبيه وروعة الأسلوب.

6- **قراءة الطلبة الجهرية:** اذ يترك لهذه الخطوة بقية الوقت مع تحديد الأبيات المطلوب حفظها في الدرس القادم.

تاريخ الأدب

مفهوم تاريخ الأدب

لقد طرأ على مدلول لفظة الأدب تغيير على مر العصور والأزمان، واذا أخذنا لفظة الأدب لدى العرب نجد أنها تطورت في المعنى والمدلول منذ عصر ما قبل الإسلام حتى وقتنا الحاضر.

والواقع انه ليس هناك في قواميس العربية تعريف محدد للفظة الأدب فقد قالوا عنه: الظرف وحسن التناول، وهو محاسن الأخلاق، أو هو الذي يؤدب الناس إلى المحامد وينهاهم عن المقابح وأصل الأدب الدعاء، فما تدعو إليه الناس هو مدعاة ومأدبه... وهكذا عند العرب قبل الإسلام بمعنى الداعي إلى الطعام على اشتمال اللفظة على المعنى التهذيبي أي الدعوة إلى مكارم الأخلاق، وفي العصر الإسلامي صار معناها المعرفة بشيء، والعلم به، ومنه قول الرسول الكريم محمد صلى الله عليه وسلم (أدبني ربي فأحسن تأديبي) ثم أطلقت الكلمة على التأدب بالمأثور وبخاصة الشعر لما فيه من الدعوة إلى المكارم.

اما في العصر الأموي فقد أصبح يعني التعليم والتثقيف ومن هنا أطلق على من يقوم بهذه المهمة (الثقافة والعلم) اسم المؤدب، وفي العصر العباس اتسعت الثقافة وتشعبت علوم العربية واتسع معها لفظ الأدب كذلك فأخذت عدة معان، منها مأثور الشعر والنثر وعلوم العربية كالأنساب والأيام والأخبار والملح والنوادر واللغة والنحو والصرف والبلاغة والعروض ومن هنا جاءت مؤلفات طبقات الشعراء للجمحي والبيان والتبيين للجاحظ والشعر والشعراء لابن قتيبة والكامل للمبرد والعقد الفريد لابن عبد ربه وغيرها كثير جاءت باسم مؤلفات الأدب وكتبه، ثم اتسع معنى الأدب ليشمل المعارف والعلوم والفنون.

ولكن عاد معنى الأدب في العصر الحديث ليقتصر على الأعمال الأدبية التي يقصد بها التأثير في عواطف القراء أو السامعين سواء أكانت تلك الأعمال شعرا أم نثرا، والأديب هنا أصبح الشخص الذي يزاول العمل الأدبي شاعرا كان ام خطيبا ام منشئا أو كاتبا أو قاصا أي ان معنى الكلمة الآن ينحصر في الكلام الإنشائي البليغ الذي يهدف إلى التأثير في عواطف الآخرين وعقولهم.

إن تاريخ الأدب هو في الواقع جزء من التاريخ العام فالتاريخ العام هو الدائرة الكبيرة ويشكل تاريخ الأدب دائرة صغرى فاذا كان التاريخ العام يبحث في أخبار الأمم السياسية، والاقتصادية والدينية فتاريخ الأدب يبحث في حياة الأدب فيفسر عوامل رقيه أو انحطاطه ودوافعه، ويتناول تاريخ الأدب زيادة على ذلك دراسة الفنون الأدبية من شعر وخطابة وكتابة.

إن تاريخ الأدب وصف لحياة الفن الأدبي في عصر من العصور وتطوره في العصور المتعاقبة زيادة على دراسته التطورات التي طرأت على المجتمع الذي يعيش فيه الأديب، فالمجتمعات بطبيعة الحال تنتقل من مرحلة تاريخية إلى أخرى متقدمة عليها، فالعرب انتقلوا من عصر ما قبل الإسلام إلى العصر الإسلامي، حتى جاء العصر العباسي الذي شهد فيه الأدب العربي ازدهارا لم يسبق له مثيل.

إن تاريخ الأدب علم حديث النشأة إذ ظهر في أوروبا في القرن الثامن عشر ونقله طلبة البعثات إلى البلاد العربية في نهاية القرن التاسع عشر، وهكذا صار الأدب اليوم صورة للحياة التي يعيش فيها المجتمع واصبح بحق جزءا من تاريخ الحضارة، فهو وصف لحياة الفن الأدبي ووصف لتطوره ووصف لامكانات تطوره في المستقبل.

أنواع دراسة تاريخ الأدب

اختلفت الدراسات الأدبية في دراسة الأدب العربي فمنها ما يتناوله على وفق العصور الأدبية، ومنها ما يدرسه على وفق البيئات، ومنها ما يتناوله على وفق الفنون الأدبية، ومنها ما يدرسه وفقا للذوق الأدبي وتطوره.

أما بالنسبة لطريقة العصور فهي الطريقة المعروفة على نطاق واسع في

تدريس الأدب العربي، ومع ذلك فقد اختلف مؤرخو الأدب الذين يؤيدون هذه الطريقة في تحديد عدد العصور الأدبية فمنهم من جعلها خمسة عصور ومنهم من جعلها ستة عصور أما العصور الخمسة فهي: عصر ما قبل الإسلام ، والعصر الإسلامي (عصر صدر الإسلام والعصر الأموي) والعصر العباسي، والعصر الوسيط، أما الذين جعلوها ستة فعدوا العصور الاموي عصرا مستقلا بذاته.

لقد قسم مؤيدو طريقة العصور الحياة الأدبية على أساس الأحداث السياسية الكبرى التي أثرت في حياة الأدب كالعوامل الاجتماعية والاقتصادية والثقافية.

والواقع أن عملية الفصل بين العصور لم تكن ممكنة لان الظواهر الأدبية في عصر ما قد لا تتكامل وتأخذ مداها المطلوب إلا في عصر لاحق أي ان العصور تتداخل ويبدو الفصل بينهما من الناحيتين الاجتماعية والعقلية في غاية الصعوبة.

ويرى عدد من الباحثين ان هذه الطريقة في دراسة الأدب قد لا تكون عملية سهلة، أو ربما تشكل خطورة معينة في عملية التعليم لانها قد تغرس في ذهن الطلبة فكرة مسبقة تؤثر في الأحكام التي يصدرونها، وتفسد نظرتهم إلى الأمور (لأن الأدب ليس ظلا للسياسة) والحكم بالرقي والانحدار ليس هو الغرض الأصيل من الدراسة، وإنما الغرض الأصيل يتجلى في شرح الظواهر ودراسة النصوص، واستكناه ما وراء هذه النصوص من دلائل نفسية تنبئ في الفرد ودلائل اجتماعية تشير إلى روح الجماعة.

وتتعرض هذه الطريقة إلى نقد مؤداه أن الأدباء أو مؤلفي الكتب يختارون نصوصا لكبار الشعراء والكتاب في عصرهم ويهملون آخرين من أدباء ذلك العصر والواقع أنه قد يكون لهؤلاء المهملين من الأدباء والشعراء تفوق وإجادة في الفنون الأدبية قد لا يتمتع بها أشهر الأدباء وأكثرهم شيوعا.

إن الذين لجؤوا إلى هذه الطريقة (طريقة العصور) يرون أن طريقتهم غرضها تبسيط دراسة الأدب الذي امتد مدة زمنية طويلة، وقد اعترفوا أنهم لا يمكن ان يفصلوا بين هذه العصور، وإنما كان قصدهم هو التحديد التقريبي زيادة على ما تقدم فإن هناك اتجاها آخر يقول بطريقة العصور إلا أنه يبدأ بدراسة العصر الحديث ومن ثم يتناول

العصور الأخرى عكسيا أي انتهاء بعصر ما قبل الإسلام، فدعاة هذا الاتجاه يرون ان دراسة الأدب من القديم إلى الحديث يربك الطلبة وينقلهم فجأة من عصرهم الذي يعيشون فيه إلى عصر يتسم بالصعوبة في لغته وأسلوبه، لذا فإن الأسلوب العكسي في دراسة الأدب ينير الطريق ويذلل الصعوبات ويحمل الطلبة على الإقبال على الدراسة الأدبية ويحمسهم لأن الطالب عندما ينتقل من المألوف إلى غير المألوف بالتدريج يجعله يأنس إلى الدرس وهو مبدأ معروف ومحبب في التربية الحديثة.

أما معارضو هذه الطريقة فيعتقدون أنها شاقة ومجهدة للطلبة لانها بحسب رأيهم مخالفة لطبيعة التطور، فالطلبة لكي يوازنوا ويقارنوا وتنضج في أذهانهم صورة التطور الأدبي يجب أن يبدؤوا بدراسة الأدب بحسب التسلسل التاريخي، زيادة على ذلك فإن أدب العصور القديمة لا يستعصي فهمه على الطلبة لان شرحها وتفصيلها متيسر في كتب اللغة والأدب.

أما تناول دراسة الأدب بطريقة الأقاليم أو وفقا للبيئات فيقوم على دراسة الأدب في إقليم معين في زمن معين كأدب الجزيرة في عصر أو في كل العصور، وأدب العراق وأدب الشام وأدب مصر وأدب الأندلس وأدب المغرب. ويحتج دعاة هذه الطريقة بأن الأدب هو صدى للأديب، وهو في الوقت نفسه صورة للمجتمع الذي نشأ فيه ومظهر من مظاهره، وهو أي الأدب يتأثر من غير شك بالبيئة التي نشأ فيها، وخير دليل على ذلك هو تباين الأدب من بيئة إلى أخرى، حتى لجأ بعض الدارسين والباحثين إلى دراسة معطيات البيئة مثل دراسة الأدب لأنها كما يرون تقدم للأدب معطيات متنوعة تلبس الأدب بلباسها الجغرافي المميز، وبحوادثها الاجتماعية التي تكون البيئة مسرحا لها.

إن المزايا والخصائص التي تميز البيئات أو الأقاليم عن بعضها هي التي توجه الأدب وتؤثر في مسيرته، واذا ما اختلفت هذه الخصائص فإن حياة الأقاليم تختلف من الناحية الأدبية قطعا.

ومما يؤخذ على هذه الطريقة أنه يصعب عليها التقيد بالبيئة أو الأقاليم وما يجري فيه من آداب، إذ أنها تستوجب في كثير من الأحيان تناول الأدب في بيئة

مجاورة أو ربما بعيدة وذلك لغرض الموازنة والتوضيح، لأن تطور الأدب يتأثر بالأحوال السياسية، ومن هنا يجب تناول هذه الأحداث في أكثر من بيئة، ثم أن هذه الطريقة لا يمكن أن تضع حدودا أو فواصل بين أقطار الوطن العربي.

فقد كان الأعشى مثلا كثير التنقل والأسفار ففي أي بيئة يدرس أدبه وكذلك الحال لأبي تمام وأبي نواس والمتنبي، زيادة على أن الذين يقولون بهذه الطريقة يرمون أولا إلى إظهار محاسن البيئة التي يردون انبهارا بأدبها وإعجابا بتناجات أدبها، ولكن الأدب فيه الرائع في بيئة معينة مثل ما فيها الردئ.

اما طريقة دراسة الأدب وفق الفنون الأدبية فتقوم على دراسة كل فن من فنون الأدب دراسة متصلة متماسكة على مر العصور بدءاً بعصر ما قبل الإسلام وانتهاء بالعصر الحديث، ودارسو هذه الطريقة يتخذون فنون الأدب محورا لدراستهم، فهم يتناولون الفنون أو الأغراض الأدبية من وصف أو غزل أو مدح أو ثناء أو رثاء أو هجاء، وما إلى ذلك معالجين تلك الفنون فنا فنا، وراصدين تطوره وأسباب ضعفه أو قوته معللين ذلك تاريخيا ونفسيا مهتمين بدراسة جميع الأدباء مشهورهم ومغمورهم. إنها طريقة تقوم على تجميع الموضوعات حور محور واحد وهي كما يرى بعض الكتاب نوع يشبه طريقة المشروع في التربية الحديثة فهي تزيد النصوص الأدبية ارتباطا في الذهن، وهي تعمل على تقوية الحس الأدبي لدى الطلبة لاعتمادها المقارنة بين نصوص الغرض الواحد في العصر الواحد والعصور المتعاقبة ، وان هذه الطريقة تجعل الطلبة يعتمدون على أنفسهم في إصدار الأحكام وتنمي عندهم ملكة التذوق لأنهم على اتصال دائم بالنص الأدبي، ومع ذلك فيعاب على هذا الأسلوب أو الطريقة من الدراسة أنها تجزئ القصيدة العربية تجزئة تفقدها وحدتها لان القصيدة العربية تسير في الواقع وفق تقاليد فنية تكاد تكون واحدة في كل العصور وبخاصة في العصور المتقدمة، فنحن نجد في قصيدة واحدة غزلا ووصفا وحكمة واعتذار ومدحا وهجاء وفخرا، زيادة على أن هذا المنهج سيعتمد على تجزئة الإنتاج الأدبي عند كل أديب، مما يؤدي إلى صعوبة إصدار أحكام موضوعية على الأدباء نتيجة لذلك.

أما طريقة التذوق الأدبي في دراسة الأدب فإنها تقوم على كيفية التذوق الأدبي وتطوره في العصور المختلفة، أي أن هناك أدباء أثرت اتجاهاتهم في نفوس متذوقي الأدب مما أدى إلى تكيف الأذواق في الأجيال المتعاقبة. فالقدماء مثلا كانوا يهتمون بالقصيدة التي تبدأ بالأطلال، وغيرهم كان يفتتن بالإيجاز، وآخرون كانوا مولعين بالسجع والازدواج، كل هذه الاتجاهات يحصيها المؤرخ الادبي مشيرا إلى أعلامها ومبينا انحسار ذوق وظهور ذوق آخر جديد.

ويؤخذ على هذا المنهج التزامه بالذوق الأدبي والفنون البلاغية التي تكون بارزه لدى مجموعة من الأدباء في عصر من العصور ولكنها لم تكن كذلك لدى أدباء آخرين وقد لا يتعرضون للفنون البلاغية مثلا لأنها لا تقع ضمن دائرة معالجاتهم.

وخلاصة القول أن هذه المناهج الأربعة في دراسة الأدب يمكن اعتمادها جميعا بالاستفادة من ايجابيات كل طريقة فيستفاد مثلا من طريقة العصور في تتبع التطور الزمني ومن طريقة الفنون في أخذ صور شاملة ومن طريقة الأقاليم في معرفة أثر البيئة وانعكاسها في الإنتاج الأدبي ومن طريقة التذوق لي تتبع الذوق الأدبي في العصور المختلفة وهكذا تتحقق الفائدة من كل هذه المناهج والأساليب في دراسة تاريخ الأدب.

أهداف تدريس تاريخ الأدب

1- تنمية المهارات اللغوية المختلفة لدى الطلبة، وتدريبهم على دقة الفهم وحسن استخلاص المعاني من الألفاظ وجودة النطق وسلامة الأداء.
2- إحداث التغيير المطلوب في سلوك الطلبة، لأن الأدب هو عملية تعليمية الهدف الأساس منها إحداث التغييرات في الفكر والخلق والعادات والتقاليد.
3- تزويد الطلبة بما يساعد في إنضاج مدركاتهم، وتوسيع أفقهم الثقافي وتنمية ذوقهم السليم وتزويدهم بالمعارف والأفكار.
4- مخاطبة عواطف الطلبة وقواهم الوجدانية لتعميق القيم النافعة في سلوكهم وعقولهم وبخاصة القيم القومية والاجتماعية والخلقية.

5- تنمية الذوق الأدبي والوصول بهم إلى إدراك نواحي الجمال والتناسق في النصوص الأدبية وتعريفهم مصادر هذا الجمال، وتدريبهم على تحليل النصوص وتذوقها.

6- توسيع نظرة الطلبة إلى الحياة وتعميق فهمهم لها وتفسير معانيها، والكشف عن أسرارها.

خطوات تدريس تاريخ الأدب العربي

قلنا إن دراسة الأدب تقوم في الغالب على ثلاثة سبل وهي: العصور والفنون والأقاليم (البيئات) لذا فليست هناك طريقة واضحة ومحددة في تدريسه، إذ يتبع مدرسو اللغة العربية طرائق مختلفة فمنهم من يكتفي بأسلوب المحاضرة ومنهم من يشترك طلبته في أسلوب المحاضرة، ومنهم من يتبع طريقة المناقشة، ومنهم من يتبع تلك الطرائق المجتمعة.

ونرى أن أفضل طريقة لتدريس تاريخ الأدب هي الطريقة التي تقوم على ما يعرضه المدرس من أفكار وما يسوقه من اسئلة بحيث يتحول درس الأدب إلى محاضرة ومناقشة معا لما لها من أثر في إظهار القدرة الفنية التدريسية للمدرس وجذب طلبته للمشاركة والتحليل ليصلوا إلى الأهداف المتوخاه في تدريس الأدب.

خطوات تدريس تاريخ الأدب العربي

1- **التمهيد (5) دقائق**: يمهد المدرس بإثارة بعض الأسئلة التي تصلح أن تكون مقدمة للدخول في الدرس الجديد تهيئ أذهان طلبته للمشاركة في الدرس. ويمكن أن يمهد بإثارة حادثة تاريخية أو موقف تاريخي له علاقة بالدرس الجديد، أو ربما يتناول شاعراً مشهوراً له علاقة وثيقة بالموضوع الجديد أو ربما يحاول ربط الأحداث الجارية بما سيتناوله.

2- **عرض مادة الدرس (30-35) دقيقة**: يقوم المدرس بعرض مادة الدرس على وفق العناصر التي كان قد خطط لها إذ يبدأ بالحديث ثم يثير اسئلة في أثناء حديثه كي تتم مشاركة طلبته معه، ويقوم بالتوفيق بين ما يعرضه

وما يحصل عليه من إجابات على أن يراعي التسلسل المنطقي للدرس، وهكذا يستمر بهذا الأسلوب عنصراً عنصراً حتى نهاية الموضوع ويتحقق ذلك عن طريق:

- سعة ثقافة المدرس.
- لباقة المدرس ومهارته الفنية في إدارة الدرس.
- حسن تخطيطه للدرس.

3- **الفوائد العملية من الدرس (5) دقائق:** لكل درس فائدة وإلا فالموضوع الذي لا يعالج مشكلة في الحياة لا يكون إلا ضربا من اللهو والعبث، وتاريخ الأدب كالتاريخ العام مليء بالدروس والعبر اذ يستطيع المدرس النابه ان يقف على الفوائد العملية التي يستقيها من شاعر أو عصر أو فن من الفنون الأدبية.

خطة لتدريس موضوع معين في تاريخ الأدب العربي

اليوم _____ الموضوع _____ الصف أو الشعبة _____

التاريخ _____ الحصة _____

الهدف العام:

1- الإطلاع على التراث العربي والاعتزاز به.
2- تنمية المهارات اللغوية المختلفة.
3- احداث التغييرات في سلوك الطلبة وإيضاح قدراتهم المختلفة.
4- تعميق القيم القومية والوطنية والوجدانية والاجتماعية والفنية.
5- تنمية الذوق الأدبي والقدرة على النقد والتحليل.
6- توسيع نظرة الطلبة إلى الحياة والتفاعل معها.

الهدف الخاص: وهو ما يخص الدرس المعني.

خطوات التدريس:

1- التمهيد: (5) دقائق.

2- عرض مادة الدرس (30-35) دقيقة.

3- الفوائد العملية من الدرس (5) دقائق.

درس نموذجي في تدريس تاريخ الأدب العربي

اليوم ــــــــــ الموضوع: الحب (الغزل) ماهيته   الصف الخامس الأدبي
وفلسفته وخصائص فئة الشعر في
العصر الأموي

التاريخ ــــــــــ   الحصة الثانية

الهدف العام: ثابت في جميع الخطط

الهدف الخاص:

1- تعريف الطلبة بمفهوم الحب رابطة إنسانية سامية تقوم على أساسها حياة الفرد والمجتمع.

2- تعرف شعراء الحب (الغزل) في العصر الأموي.

3- تعرف تطور مفهوم الحب لدى الشعراء منذ عصر ما قبل الإسلام حتى نهاية العصر الأموي.

خطوات التدريس:

1- **التمهيد:** يقوم المدرس بالتمهيد لهذا الدرس بتوجيه سؤال محدد هو ما هو الحب؟ ويتولى الإجابة بنفسه قائلا: الحب من الناحية العلمية هو مجموعة مشاعر (حسية أو معنوية) لا تخلو من تضحية (اخلاص) مستمدة من الإعجاب (بشيء) ثم التقدير له، وهذا التعريف للحب كما ترون – محدود بإعجاب وتقدير وتضحية، وكل تجربة فيها هذه الأبعاد الثلاثة هي تجربة صادقة أما إذا تعذر توافرها مجتمعة يصبح الحب اذاك تجربة كاذبة أو مثلما يسمونها (متكلفة).

2- **عرض مادة الدرس:**

المدرس: عرفتم في دروس سابقة أن الحب مفهوم أزلي كان له رواده في

عصر ما قبل الإسلام ومن أشهرهم...

طالب: امرؤ القيس، عنترة بن شداد، وغيرهما من أصحاب المعلقات.

المدرس: نعم إذا نظرنا إلى الآثار الشعرية القديمة في عصر ما قبل الإسلام حتى العصر الاموي، وبحثنا عن اتجاهات الحب بهذا المعنى لوجدنا اتجاهين معروفين هما: الأول الاتجاه الحسي ويمثله امرؤ القيس فهل تعرفون كيف مثل امرؤ القيس هذا الاتجاه.

طالب: نعم مثل امرؤ القيس هذا الاتجاه بشبابه ووجدانه ولهوه.

المدرس: نعم هذا صحيح.... فامرؤ القيس من أبناء الملوك ولكنه مع ذلك لم يكن سياسيا أو مصلحا اجتماعيا أو واعظا بل انه ولد ليتمتع ويهوى وأن جل حبيباته كن من المعجبات بهذه الصفات لذلك جاء غزله صريحا يمثل الحسية البدوية في ذلك العصر فهو القائل:

تقول وقد مال الغبيط بنا معا	عفرت بعيري يا أمرؤ القيس فانزل
فقلت لها سيري وأرخي زمامه	ولا تبتعدي من جناك المعلل

أما الاتجاه الثاني: فهو الاتجاه المثالي أو الروحي ويمثله عنترة بن شدادا العبسي.

الطالب: نحن نعرف يا أستاذ ان عنترة كان فارسا فهل استطاع أن يجسد موضوع الحب في قصائده مثلما جسد الفروسية؟

المدرس: نعم فعنترة عاش في قصة غرام حماسية تاريخية فقد أحب ابنة عمه (عبلة) حبا شغل عليه باله فكان يعاني من هذا الحب. زيادة على المفارقات العجيبة التي أحاطت به منها: احساسه العميق بالإهمال فهو مواطن من الدرجة الثانية وأن أباه كان لا يعترف بأبوته، وكان عنتره نفسه ينظر إلى خلقته فيشعر بالحياء، ومن هنا جاءت قصائده الغزلية روحية مثالية أقرب إلى الخيال، ولكنها مع ذلك كانت تتجه رويداً رويدا نحو الواقعية لان النظرة تجاهه بدأت تتغير إذ قال:

يا دار عبلة بالجواء تكلمي	وعمي صباحا يا دار عبلة واسلمي

إن حال الغزل لم يستمر في ظل الإسلام بما كان عليه قبل الإسلام فكيف اختلفت النظرة إلى الحب بشكل عام والى الغزل بشكل خاص عندما جاء الإسلام؟

الطالب: المعروف يا أستاذ أن الإسلام جاء بقيم ومثل جديدة، فقد سعى منذ الأيام الاولى إلى توحيد القبائل العربية في مجتمع إسلامي جديد تسمو فيه القيم ويسود مبدأ العدالة والتوحيد، لأن الإسلام كما نعرف جميعا ثورة كبرى لم تترك شيئا إلا وعالجته ومن الظواهر الاجتماعية التي عولجت هو موضوع الحب (الغزل).

المدرس: نعم إن الإسلام لم يمنع الناس من الحب ولم يحرم هذه العاطفة النبيلة فالدين الإسلامي هو دين واقعي ومثالي معا ونظر إلى الحب نظرة طبيعية ولو أنه حدد الحب في قالب أخلاقي معقول فبقدر ما تسمو هذه المشاعر نبلا تسمو الطريقة أيضا، وقد هذب الإسلام هذا المفهوم واعطاه بعدا مثاليا وروحيا.

أما الغزل الحسي فلم يندثر تماما في عصر النبوة فقد كان متداولا في المجالس الخاصة، فاذا ما تتبعنا أثار شعراء صدر الإسلام وجدنا أنهم جروا على العادة السابقة، في استهلال القصيدة بالغزل، وبالوقوف على الأطلال وذكر الحبيبة، فهذا كعب بن زهير بن أبي سلمى جاء معتذرا للرسول الكريم محمد صلى الله عليه وسلم وقد استهل قصيدته قائلا:

بانت سعادُ فقلبي اليوم متبولُ	متيم أثرها لم يفد مكبولُ
وما سعاد غداه البين إذ برزت	إلا أغن غضيض الطرف مكحولُ

إلى ان يقول

نبئت ان رسول الله أوعدني	والعفو عن رسول الله مأمول
إن الرسول لنور يستضاء به	مهند من سيوف الله مسلولُ

وعندما جاء عصر الخلافة الأموية وانتشرت الفتوحات وبدأ المجتمع الإسلامي يمر متفاوتا من حيث البيئات فهناك بيئة غنية مترفة وهناك بيئة فقيرة متقدمة، ومع ذلك بقيت بادية الحجاز بدوية في قيمها محافظة على تقاليدها وقد طغى على شعراء الحجاز تشاؤم عجيب إذ ظهر في غزل الشعراء العذريين فنجد في شعرهم البكاء

واللوعة.

نلاحظ ان المرأة في ظل هذا التفاوت أصبحت إما بدوية أو حضرية ومن هنا اختلفت النظرة نحوها من شاعر إلى آخر، ولهذه الأسباب أيضا برز اتجاهان معروفان في الغزل وسوف نركز في درسنا هذا على هذين الاتجاهين فمن منكم يستطيع ان يذكر هذين الاتجاهين.

طالب: اعتقد ان المقصود بالاتجاهين هما الغزل العذري وقد مثله الشعراء العذريون أصدق تمثيل وهو على ما اعتقد امتداد للغزل المثالي الذي مثله عنتره كما ذكر سابقا.

طالب آخر: اما الاتجاه الثاني فهو الاتجاه الطبيعي وفيه برز شعراء امتاز شعرهم الغزلي بالصراحة ويمكن ان نسميه غزلا حسيا وهو على ما اعتقد أيضا امتداد للاتجاه الحسي لدى امرئ القيس.

المدرس: نعم هذا صحيح جدا ومن هنا سوف نحلل هذين الاتجاهين من خلال عقد المقارنة بين جميل بثينة الذي يمثل الخط العذري وعمر بن أبي ربيعة الذي يمثل الخط العمري إذا صح التعبير. إذا قرأنا دواوين شعراء هذين الاتجاهين وحاولنا الموازنة والمقارنة بينهما من حيث الشكل واللغة والصورة الشعرية ومكانة المرأة وصدق التجربة والأثر الأخلاقي استطعنا ان نسجل بعض اوجه التشبيه والاختلاف بين هذين الاتجاهين ممثلة بشعر عمر وجميل بثينة فجميل بثينة يقول:

لقد فرح الواشون أن صرمت حبلي	بثينة أو أبدت لنا جانب البخل
يقولون مهلا يا جميل وإنني	لا قسم ما بي بثينة من مهل
أحلما تقبل اليوم كان أوانه	جرى الدمع من عيني بثينة بالكحل
كلانا بكى أو كاد يبكي صبابة	إلى ألفه واستعجلت عبرة قبلي

إلى أن يقول:

خليلي فيما عشتما هل رأيتما	قتيلا بكى من حبه قاتله قبلي

أما عمر بن أبي ربيعة فيقول:

فقالت تعال أنظر فقلت وكيف لي	أخاف مقاما ان يشيع فيشنعا

فقال اكتفل ثم التثم وأت باغيا   فسلم ولا تكثر بأن تتورعا

فإني سأخفي العين عنك فلا ترى   مخافة ان يفشو الحديث فيسمعا

فاقبلت اهوى مثلما قال صاحبي   لموعده أزجي قعودا موقعا

إلى ان يقول

قلنا كريم نال وصل كرائم   فحق له في اليوم ان يتمتعا

المدرس: امتازت القصيدة العذرية بكونها مختصة بحبيبة واحدة، بينما اختصت القصيدة العمرية بأكثر من واحد، وقد ظن المهتمون بدراسة الغزل أن مبدأ الاختصاص بواحدة هو الإخلاص بعينه وقالوا إن تعدد الحبيبات هو تجربة كاذبة عن الإخلاص فهل هذا مبدأ صحيح.

طالب: نعم يا أستاذ اعتقد ذلك.

طالب آخر: أنني أعتقد يا أن الإخلاص من الناحية العلمية هو التزام بعهد لا يخلو من تضحية، أي أن الإخلاص ارتباط بين شيئين كأن يكون بين الإنسان وحبيبة واحدة أو أكثر.

المدرس: قد يكون هذا الرأي صحيحا إن روحة الإخلاص تتجلى في تجربة الحب عندما تكون هذه التجربة متبادلة بين الحبيبين، فتاريخ الحب يحدثنا كثيرا عن الحبيبات المخلصات وعن العشاق الأفاكين مثلما يحدثنا عن العشاق المخلصين والحبيبات العاذلات.

المدرس: تمتاز القصدية العمرية بالصراحة والتفاؤل، بينما تمتاز القصيدة العذرية بالحزن والتشاؤم... فهل يستطيع أحدكم أن يذكره الأسباب الكامنة وراء ذلك؟

طالب: نعم إنني أعتقد أن من أهم الأسباب في هذا الاختلاف وهي أسباب بيئية، فالبيئة تؤثر في أسلوب الحب، فالشعراء العذريون تشاؤميون حزينون لان بيئتهم تتصف بالحرمان والتشاؤمية، بينما تتصف بيئة عمر بن أبي ربيعة بالترف والدعابة وانفتاح البيئة الحجازية المتمثلة بالمجتمع الحضري في مكة والمدينة.

المدرس: نعم لقد ظن الباحثون بل توهموا عندما راحوا يعللون صدق تجربة الحب فقالوا عنها ان الحرمان والأسى والمعاناة أسس تجربة الحب الصادق وأن الصراحة والمرح ليست بصفات أكيدة بالحب الصادق. وهذا على ما نعتقد وهم بلا شك، فإنه ليس من حق الإنسان ولا من حق الباحث ولا من حق القانون ولا حتى من حق الفلاسفة أن يجعلوا للحب دستورا أو قاعدة نظراً لانه صورة إنسانية صحيحة قد تكون محاطة بلوعة وأسى منذ ميلادها وقد تكون مفرحة بعيدة عن الحرمان منذ ميلادها.

المدرس: تلاحظون ان الشاعر في القصيدة العمرية معشوق بينما يبدو في القصدية العذرية عاشقا، فعمر بن أبي ربيعة شخصية تتودد إليها النساء، بينما يتودد جميل بثينة إذ يتمنى ان يراها ويهفو للقائها.

طالب: إنني أعتقد يا أستاذ أن للتركيب الخلقي أثره في هذا الاتجاه، فيقال عن عمر بن أبي ربيعة أنه كان جميلا خفيف الروح مدللا في صغره ويقال أن أمه أفرطت في دلاله حتى أصيب بالغرور.

المدرس: نعم هذا الغرور يسمى في علم النفس بالنرجسية أي حب الذات... ولكن كان جميل بثينة وسيما أيضا ومن عائلة كريمة موسرة ومع ذلك فقد كان ملتاعا ومحروما. ومن خلال قراءة قصائد الغزل لكل من عمر بن أبي ربيعة وجميل بثينة نجد اختلافا عما عالجه شعراء ما قبل الإسلام وشعراء صدر الإسلام بما يتصل بالمقدمة الطللية فما هو الاختلاف يا ترى؟

طالب: إن الاختلاف هو في وحدة القصيدة فبينما كانت القصائد تبدأ بمقدمة غزلية ينتقل الشاعر بعدها إلى الأغراض الأخرى تكون هي الإغراض الأساسية في القصيدة، فإن القصائد العذرية أو العمرية عالجت موضوعات واحد هو الغزل.

المدرس: نعم وقد أثر ذلك في الواقع في استقلال الأغراض لدى بعض شعراء هذا العصر والعصور التي تلته.

المدرس: لا تخلو القصيدتان من مبالغات وتشبيهات، والمبالغة هي صورة خيالية لشيء واقعي، وكل مبالغة لا تخلو من هدف.... ومن هنا تختلف المبالغات بالنسبة

لاختلاف الأغراض، فقط يبالغ الشاعر بسبب تكسبي أو اجتماعي أو ديني، وقد تكون المبالغة فردية تصور ولاء الشاعر وإيمانه ببعض القيم وبخاصة في الغزل، فجميل بثينة يقول:

هي البدر حسنا والنساء كواكب وشتان ما بين الكواكب والبدر
لقد فضلت حسنا على الناس مثلما على ألف شهر فضلت ليلة القدر

ويقول عمر بن أبي ربيعة:

قالت الكبرى أتعرفن الفتى قالت الوسطى نعم هذا عمر
قالت الصغرى وقد تيمتها قد عرفناه وهلى يخفى القمر

أما التشبيهات فأمر يجب توافره في القصيدة لكي تكون ذات فنية رفيعة ولكن كلما كان التشبيه واقعيا مقبولا كانت القصيدة ذات طعم شعري أصيل.

3- **الفوائد للعملية:**

هي ما نصبو تحقيقه في الهدف الخاص من الدرس.

الفصل الخامس
الإمـــــــلاء

- الإملاء مفهومه وأهميته.
- الأخطاء الإملائية أسبابها وعلاجها.
- أنواع الإملاء.
- أهداف تدريس الإملاء.
- خطوات تدريس القواعد الإملائية.
- خطة في تدريس القواعد الإملائية .
- درس نموذجي في تدريس كتابة الهمزة المتوسطة.
- خطوات تدريس الإملاء الاستماعي.
- **درس نموذجي في تدريس الإملاء الاستماعي.**
- **تصحيح الإملاء.**

الإملاء مفهومه وأهميته

الإملاء نظام لغوي معين، موضوعه الكلمات والحروف، وهو واحد من أركان اللغة العربية الذي يهتم بنظام لغوي خاص وهو نظام المقاطع. فالكلمة العربية يجب فصلها تارة ووصلها تارة أخرى.

والحرف العربي يحذف مرة ويزاد مرة أخرى زيادة على الاهتمام بالهمزة والحروف اللينة، وتاء التأنيث وعلامات الترقيم والتنوين والمد والقلب والإبدال واللام الشمسية والقمرية.

إن الإملاء بعد ذلك يعطي صورا بصرية للكلمات التي تقوم مقام الصورة السمعية وهذه في الواقع من أولى وظائف الإملاء، والكتابة الصحيحة من الأمور المهمة في العملية التعليمية.

فهي أول ما يبدأ بها التلميذ في تعلم لغته لأن الكتاب يحتكم في كتابته إلى قاعدتين مهمتين هما القاعدة النحوية، والقاعدة الإملائية، فإذا كان الخطأ في الإعراب يغير معنى الجملة فإن الخطأ في الإملاء يغير معنى الكلمة، ذلك لأن رسم الكلمات بصورها المعروفة سبيل إلى تعرف دلالتها فنحن ننطق نطقا واحدا كلمتي (على، علا) ولكن الذي يحدد المعنى الدلالة هو الرسم الإملائي لألف الكلمتين، وكذلك في كلمتي (ظل، ضل وبلى، بلا) وغير ذلك في اللغة العربية الكثير.

إن عدم القدرة على الكتابة الصحيحة يعد عائقا رئيسيا منها ويترتب على ذلك غموض المعنى، وبطء الفهم، ومن هنا أكد المربون والمهتمون بموضوعي القراءة والكتابة أهمية الإملاء وعدوها مع القراءة عمليتين متصلتين لا فصل بينهما وهما في الواقع مفتاح إلى المعارف الأخرى.

وتتجلى أهمية الإملاء أيضا بوصفه وسيلة لاختبار قابلية التعلم عند الطلبة إذ وجد هناك علاقة قوية بين كل من المفردات والقواعد والإنشاء والصوت، وإن الإملاء وسيلة لقياس المهارة في الكتابة، ووسيلة يمكن بها قياس تحصيل التلاميذ بدقة وسهولة، زيادة على أن يعطي المعلم تمرينا في الإدراك الشفهي، لانه ينمي قدرة الإصغاء لدى

الطالب وفهم ما يكتبه.

وللإملاء بعد ذلك أهمية للمعلم فهو يمكنه من معرفة الصعوبات التي تواجه طلابه في التهجي وفي فهم الأصوات والتمييز بينهما، ويمكنه كذلك من أن يضع يده على نقاط الضعف لدى تلاميذه.

وخلاصة القول أن الإملاء كما يقول أحد الكتاب (يعود التلميذ صفات تربوية نافعة فيعلمه التمعن ودقة الملاحظة، ويربي عنده قوة الحكم والإذعان للحق، ويعوده الصبر والنظام والنظافة، وسرعة النقد، والسيطرة، على حركات اليد، والتحكم في الكتابة، والسرعة في الفهم، والتطبيق السريع للقواعد المختلفة المفروضة – كما يعد تمرينا مهما في دراسة أشكال الكتابة للغات الأخرى.

ويرى نعمة رحيم العزاوي أن المفهوم الصحيح للإملاء هو الرسم ويسميها الكتابة العربية الصحيحة، ولكن بعض المشتغلين بتعليم اللغة العربية أخرجوا هذه الكلمة من مدلولها اللغوي وحملوها معنى آخر وقصدوا الإملاء على طريقة واحدة.

ومن هنا جاءت طريقتهم في تدريس الإملاء وفهمه حافلة بالأخطاء مثقلة بالعيوب، وأول هذه العيوب أن طريقة الإملاء المعهودة تجعل الطالب دائما يشعر بالخوف لانه يدفع إلى موقف الممتحن إذ تلمؤه في هذا الموقف مشاعر القلق والاضطراب، وثاني العيوب أن الطالب يكون في موقف المملي عليه والواقع أن المواقف الطبيعية للحياة لا تكون كذلك.

فالمواقف الطبيعية هو ان يكتب الطالب فقرة أو يحرر كلاما أو يستعمل لغة مكتوبة في مواقف طبيعية كثيرة منها كتابة الرسائل أو الإجابة الخطية عن سؤال أو تحرير كلام يشرح فيه فكرة أو يعرض فيه رأيا أو ينقل فيه خبراً أو ينسخ فيه فصلا من كتاب أو فقرة من نص مكتوب، وهذه في الواقع هي المجالات الطبيعية لتعليم الإملاء لا أن يجلس الشخص في معقد المملى عليه ويقف فيه شخص آخر في موقف المملي، فالموقف الأخير مصطنع قلما يصادف الإنسان أو يحدث له في الحياة.

ورب عيب آخر هو أن المعلم عندما يملى على التلاميذ الفقرة أو قطعة يضطر أثناء الإملاء إلى أن يجانب أحيانا اللفظ الصحيح أو يخل بنطق بعض الكلمات

ليجنب طلابه كتابتها على وجه مخطوء، فهو مثلا إذا املى كلمة (الشمس) فإنه يضطر إلى ان ينطق لام التعريف، أو ان يقف في وسط بعض الكلمات لانه إذ وصل نطقاه ربما أخطأ الطلاب في رسمها فهو مثلا يملي عليه (عدت) مظهرا الدال نابرا إياه غير مدغم له في التاء.

وهناك عيب آخر هو أن تعلم الرسم الكتاب بطريقة الإملاء التقليدية لا يكشف للمعلم عن مستوى طلبته في الكتابة فقد تكون أخطاؤهم غير ناجمة عن ضعف، وإنما قد يكون الباعث عليهم أنهم لم يسمعوا الكلمة سماعا صحيحا أو لم يمنحوا الفرصة الكافية لكتابتها أو أن المعلم أخطأ في نطق بعض الكلمات مع الحركات كأن يقول (كتابو) بدلا من (كتابُ) أو يشبع كسرتها (كتابي) بدلا من (كتابِ) ... وهكذا.

إن التدريب على الانتباه والاحتفاظ بما يسمع من مدة في الذاكرة والسرعة في الكتابة فوائد مهمة ولكنها ليست من مهارات الكتابة... وعليه فإن من الأفضل أن يدرب الطالب على الكتابة الصحيحة في مواقف شبيهة بالمواقف الطبيعية التي يحتاج الإنسان فيها إلى المهارة اللغوية فيخلو عند ذلك تعليم (الرسم) من العيوب التي ذكرت وتكون في الوقت نفسه أكثر اتساعا وأشد التصاقا بجوانب اللغة.

ويمكن للمعلم ان يتبع ما يأتي للتدريب على الإملاء الجيد:

1- في الصف الابتدائي الأول يفضل أن يكون لدى التلاميذ دفتر تمرينات تشمل بعض صفحاته على الكلمات المطلوب تدريبه على رسمها، وتكون مكتوبة في أعلى الصفحة وعلى الصورة المعربة عن تلك الكلمات فيما تبقى من الصفحة، ويطلب منه كتابة الكلمة المناسبة تحت كل صورة من تلك الصور وقد يطلب منه تكرار الكلمات فتكرر عند ذلك الصور.

2- قد يطلب من التلاميذ في خطوة أخرى كتابة الكلمات الدالة على الصورة من ذاكرته فيكون الإملاء اختباريا متطوراً.

3- يطلب منه كتابة ما سبق أن قرأه وتعلم رسمه من الكلمات التي تنطوي على مشكلات في الرسم على أن يسمح له بالنظر إليها ثم نسخها لتثبت صورها في ذهنه تمهيدا لطلب كتابتها.

4- ان يصوغ المعلم التمرين الكتابي على هيئة لغز ويطلب من التلميذ كتابة الكلمة التي تدل على الشيء الذي يعبر عنه ذلك اللغز كأن يقول للتلميذ ما الشيء الذي يصيح في الصباح الباكر؟ أو ما الحيوان الذي له خرطوم؟ .... وهكذا تتدرج الألغاز بحسب مستوى الصف.

5- يعرض المعلم جملاً ناقصة ثم يطلب إكمالها بكلمات لا تنقل من الكتاب أو من الذاكرة إذا كان الهدف الاختبار.

6- يعطي المعلم مجموعة صور تؤلف قصة متسلسلة ويطلب من التلاميذ كتابة ما تعبر عنه كل صورة بحيث يؤلف ما يكتب قصة مترابطة.

7- يعرض المعلم مجموع أسئلة ثم يطلب الإجابة عنها محاولا أن تتضمن الإجابات كلمات ذات مشكلات كتابية.

8- ان تربط دروس الرسم الكتابي بالحركة واللعب عن طريق صندوق بطاقات تجمع الكلمات التي يكثر فيها خطأ التلاميذ ويستعرض من حين إلى آخر الألعاب اللغوية، كأن يقوم تلميذان ويطلب أحدهما من زميله أن يأتي بكلمة لها رسم كتابي خاص يتصل بما في البطاقة التي يعرضها ويستجيب زميله ثم يطالب هذا من السائل كلمة أخرى يختبر بكتابتها ويتكرر ذلك فمن يصب يستمر في اللعبة ومن يخطئ يخرج منها[1].

الأخطاء الإملائية، أسبابها وعلاجها

ترجع الأخطاء الإملائية إلى عدة أسباب وعوامل، منها ما يتعلق بالنظام التعليمي والإدارة المدرسية أي تحميل المعلمين أعباء متعددة وارتفاع عدد التلاميذ في الصف الواحد وطريقة النقل الآلي للتلاميذ.

ومنها ما يتعلق بالمعلم نفسه فقد يكون معلم الابتدائية ضعيفا في اعداده اللغوي، وأن معظم معلمي المواد الأخرى لا يلتفتون إلى أخطاء تلاميذهم الإملائية.

ومنها ما يتعلق بخصائص اللغة المكتوبة متمثلا في الشكل وقواعد الإملاء،

---

(1) من قضايا تعليم اللغة العربية (رؤية جديدة) د. نعمة رحيم العزاوي ص 172-178.

واختلاف صور الحرف، ووصل الحروف والإعراب وطريقة الهجاء.

ومنها يتعلق بالتلميذ في تردده، وخوفه وعدم تمييزه الأصوات المتقاربة في مخارجها، وعدم ثقته فيما يكتب، وتعبه وضعف حواسه وانخفاض مستوى ذكائه، وضعف حاسة البصر لديه، زيادة على عيوب النطق والكلام والخلل الذي ينتابه في عدم القدرة على تحديد اتجاه الأشياء وعدم الاستقرار الانفعالي.

ومنها ما يتعلق بطريقة التدريس فغالبا ما تكون الطريقة اختبارية تعتمد اختبار التلاميذ في كلمات صعبة ومطولة، زيادة على فصل درس الإملاء عن فروع اللغة العربية الأخرى.

والواقع يجب ان يكون درس الإملاء ضمن جميع فروع اللغة بل الأفضل أن يمتد إلى المواد الدراسية الأخرى.

إن الخطأ الإملائي أخيرا لا يرجع إلى عامل واحد أو يخضع لسبب معين بل إن جميع العوامل السابقة متداخلة متشابكة تتعاون لتجعل التلاميذ يقعون في أخطاء إملائية شائعة.

إن علاج هذه الأخطاء لا يتحقق إلا بتجاوز السلبيات وأسباب الضعف الإملائي لدى التلاميذ وبخاصة في المرحلتين الابتدائية والمتوسطة. فالإملاء بعد ذلك يتطلب أسسا سليمة في التدريس.

ومن أهم هذه الأسس هو الاعتماد في تدريس الإملاء على الأذن والعين واللسان واليد، وضرورة تدريس الإملاء من خلال نصوص أدبية مختلفة سهلة غير متكلفة، ملائمة لمستوى التلاميذ فكرة وأسلوبا ولغة، وان تتنوع أساليب تقويم الإملاء وأن يستفاد من الأخطاء الشائعة لدى التلاميذ، وأن يتم تعليم الإملاء بحسب طريقة إفهام التلميذ لمعنى ما يكتب. ولكن تبقى الأساليب الناجحة في تدريس الإملاء هي العامل الرئيس في علاج الضعف الإملائي، فالطريقة الوقائية مثلا تعتمد على تدريس القواعد الإملائية المرتبطة بالأخطاء الشائعة، والطريقة السمعية الشفهية اليدوية التي تعتمد أسس التهجي الصحيح من رؤية الكلمة فالاستماع إليها، فالمرانة اليدوية في كتابتها، وطريقة النطق السليم للحروف فضلا عن أساليب الاستذكار والمراجعة والاختبار

والاعتماد على الحواس والتعلم الذاتي.

أنواع الإملاء

يتنوع الإملاء بتنوع هدفه ووظيفته، وهو في هذه الحالة لا يخرج عن أربعة أنواع هي:

1- الإملاء المنقول (المنسوخ)

يؤدي هذا النوع من الإملاء بعرض نص إملائي على السبورة أو في بطاقات خاصة أو ربما في كتاب، وبعد قراءة النص ومناقشته يتولى المعلم تحليل بعض الكلمات وتهجئتها وتوضيحها شفهيا ثم يُملى عليهم النص.

بعد ذلك على أن يظل النص معروضا أمامهم وهذا النوع من الإملاء يلائم تلاميذ الصف الثالث الابتدائي، ولكن ينبغي مراعاة ملائمة القطعة لمدارك التلاميذ ومستوى نضجهم ومناسبتها للزمن المحدد في الدرس الإملائي، زيادة على ضرورة اتصال النص بحياة الطفل وبيئته.

2- الإملاء المنظور

ومعناه أن تعرض القطعة الإملائية على التلاميذ لقراءتها وفهمها وهجاء بعض كلماتها، ويتم ذلك بالتعاون مع المعلم، ثم تحجب القطعة الإملائية أو النص الإملائي وتملى عليهم بعد ذلك، ويجوز للمعلم في هذه الحالة أن يبقي بعض الكلمات الصعبة على مرأى التلاميذ كما يجب أن يُعطى زمن كافٍ للنص ظاهراً أمام التلاميذ لرسوخ صور الكلمات في أذهانهم.

زيادة على ذلك يجب على المعلم ان يتثبت من أن تلاميذه تكونت لديهم القدرة على السير في هذا النوع من الإملاء، والواقع أن الإملاء المنظور يأتي بعد أن يكون التلاميذ قد تدربوا تدريبا كافيا على الإملاء المنقول، وان هذا النوع من الإملاء يصلح للصفين الرابع والخامس الابتدائيين.

3- الإملاء الاستماعي (غير المنظور)

إن هذا النوع من الإملاء تدل تسميته عليه، ففيه لا يعرض النص الإملائي على التلاميذ أو الطلبة، بل يكتفى بقراءته على مسامعهم ثم يناقش معهم بتوضيح معاني المفردات والتراكيب اللغوية التي تضمنها.

ويستطيع المعلمون في هذا النوع من الإملاء التذكير بالقواعد الإملائية، وبخاصة تلك التي لها صلة بالكلمات الصعبة الواردة في النص، وبقي أن نقول أن على المعلم أن يقرأ هذه القطعة الإملائية قراءة جهرية نموذجية قبل البدء بمناقشتها، وبعد ان يعرض التلاميذ أو الطلبة الشيء الكثير عن النص الإملائي يملى عليهم.

إن الإملاء الاستماعي يصلح لتلاميذ الصف السادس الابتدائي وطلبة المرحلة المتوسطة، واذا أراد المدرس قياس قدرة الطلبة في الإملاء، ومدى تقدمهم في الكتابة الإملائية فإنه لا تعرض أية كلمة من القطعة الإملائية أمام أنظارهم ولا تقرأ على مسامعهم قبل إملائها.

ويكتفي المدرسون هنا بمناقشة المعاني العامة للقطعة، وقد يستغني المدرس عن هذه الخطوة إذا كانت القطعة نصا في القراءة سبق ان درسوه ومع ذلك فإن على المدرسين ألا ينسوا ضرورة مراعاة كون النص ملائما لمستوى طلبتهم سواء أكان مأخوذا من كتاب القراءة المقرر أم من مصدر آخر، أم من تأليف المدرس نفسه، وينصح المربون في هذا النوع من الإملاء هو ان يلجأ المعلم أو المدرس بين الحين والآخر إلى اعتماد الإملاء الاختباري بشرط أن تمر فترات معقولة بين الاختبار والذي يليه حتى يتمكن الطلبة من التدريس والتعلم ويكون أمام المدرس ما يمكن ان يختبر طلبته به.

إن هدف هذا النوع من الإملاء في الواقع ليس محاسبة الطلبة أو تصيد أخطائهم وإحصائها بل الهدف الرئيس منه هو تعرف الصعوبات التي تواجههم وتقديم المساعدة اللازمة حتى يتمكنوا من الكتابة الصحيحة، ويصلح هذا النوع من الإملاء لتلاميذ الصف السادس الابتدائي وجميع طلبة المرحلة الثانوية.

زيادة على ما تقدم ذكره فإن بعض المصادر تذكر نوعا آخر من الإملاء هو الإملاء (الذاتي) وهو يقوم على ان يملي الطالب نفسه من ذاكرته وبخاصة عندما يكون الطالب قد حفظ عن ظهر قلب النص الإملائي الذي سبق للمدرس ان طلب من طلبته أن يحفظوا نصا هادفا، وقد يكون هذه النص شعرا والواقع يعد هذا النوع من الإملاء مفيدا جداً فإنه نوع من أنواع الإملاء الوظيفي القائم على حاجة الطلبة لهذا النوع في حياتهم المدرسية وما بعدها.

أما أنماط ما يُملى على التلاميذ أو الطلبة فيأخذ أشكالا ثلاثة هي: نمط القطعة، ونمط الجملة، ونمط الكلمة، فنمط القطعة فيعتمد نصا مترابط المعنى يهدف إلى غاية تربوية معينة يتناسب والمنهج المقرر، وهو يقيس قدرة الطالب على تذكر صور الكلمات والحروف.

أما نمط الجملة فيعتمد جملا مختارة واضحة المعنى ولا يكون هنا ترابط فيما بين الجمل، وهي تقيس أيضا قدرة التلاميذ على تذكر صور الكلمات ومعرفة أصول رسمها ولكن يشترط في هذه الجمل ان تكون ذات معنى لدى التلميذ وأن لها قيمة بالنسبة له.

أما نمط الكلمة فيعتمد على كلمات مبعثرة من هنا وهناك وبخاصة عندما تكون الكلمات تطبيقا على قاعدة إملائية تمتاز بالصعوبة وتتطلب كلمات ومفردات قد يصعب جمعها في نص متكامل المعنى، مثل كتابة الهمزة المتوسطة ونمط الكلمة بعد ذلك يهدف إلى أن يتذكر التلميذ المفردات وان يعرف طريقة كتابتها.

أهداف تدريس الإملاء

يهدف تدريس الإملاء إلى ما يأتي:

1- تدريب المتعلم على كتابة الكلمات بصورة صحيحة، وترسيخ صورها الصحيحة في ذهنه.
2- تمكن المتعلم من الإحاطة بالقواعد والضوابط الأساسية التي تكلف سلامة رسم الحرف والكلمة.

3- تعويد المتعلم السرعة في الكتابة الصحيحة.
4- تثبيت العادات الجيدة لدى المتعلم كحسن الاستماع ونظافة الكتابة.
5- تزويد المتعلم بالخبرات والمهارات الكتابة، وتمكينه من استعمال علامات الترقيم استعمالا صحيحا.
6- تزويد المتعلم بالمفردات اللغوية الجديدة، وإثراء لغته بتعابير لغوية وذوقية تمكنه من التعبير الجيد.

خطوات تدريس القواعد الإملائية

بما أن طلبة المرحلة المتوسطة لا يستطيعون استقراء أمثلة القواعد الإملائية لصعوبة تلك القواعد وعدم معرفتهم السابقة بها فإن المدرس سيلجأ في تدريس القواعد الإملائية إلى استخدام الطريقة القياسية.

وهي الطريقة المتبعة في تدريس قواعد اللغة العربية. وقد مر ذكرها وتفصيلها في تدريس القواعد إذ أنها تتبع الخطوات الآتية: التمهيد، عرض القاعدة، تفصيل القاعدة، التطبيق.

خطة في تدريس القواعد الإملائية

اليوم______ الموضوع______ الصف أو الشعبة________

التاريخ______ الحصة__________

الهدف العام: تدريب الطلبة على الصواب في الكتابة، وتعويدهم دقة الملاحظة وقوة الانتباه وادب الاستماع لما يقرأ عليهم واختبار معلوماتهم الكتابية واكتشاف مواطن الضعف ومعالجتها، وتمرينهم على حب النظام والترتيب والنظافة وإنماء الثروة اللفظية، وتحسين الأساليب الكتابية.

الهدف الخاص: وهو ما يخص الدرس المعني (موضوع الدرس).

خطوات الدرس:

1- **التمهيد (5) دقائق:** يثبت المدرس كيف سيمهد لموضوع الدرس الجديد.
2- **3- عرض القاعدة وتفصيلها (20-25) دقيقة:** تكتب القاعدة كاملة بحسب

طريقة تناولها ثم يفصل المدرس القاعدة بضرب الامثلة المهمة التي توضح القاعدة.

4- **التطبيق (5) دقائق:** يثبت المدرس بعض الأمثلة التطبيقية حول القاعدة.

درس نموذجي في تدريس الهمزة المتوسطة للصف الثاني متوسط

اليوم______ الموضوع: قواعد كتابة الهمزة المتوسطة الصف: الثاني (أ)

التاريخ______ الحصة الثانية

الهدف العام: ثابت في جميع الخطط.

الهدف الخاص: تمكين الطلبة من:

1- معرفة قواعد كتابة الهمزة المتوسطة.

2- كيفية كتابة الكلمات والجمل التي تتضمن همزة متوسطة كتابية صحيحة.

3- اللفظ الصحيح لحركة الهمزة المتوسطة.

خطوات الدرس:

1- **التمهيد:** سبق وان تناولنا في الدرس الماضي همزتي الوصل والقطع وعرفنا أن همزة الوصل ترد في بعض الأسماء منها

طالب: ابن، ابنة، امرؤ، امرأة، اثنان، اثنتان، اسم.

المدرس: هذا صحيح، وترد أيضا في أمر الفعل الثلاثي والخماسي والسداسي، وماضي الخماسي والسداسي ومصدريهما ومن أمثلة ذلك:

طالب: اِقرأ، اِنتظْر، اِستخرج.

طالب آخر: اِنتصر، اِستمع.

طالب آخر: اِنتشار، اِستغفار.

المدرس: وترد همزة القطع فيما عدا ذلك زيادة على ورودها في ماضي الفعل الرباعي وامره ومصدره مثل:

طالب: أعربَ.

طالب آخر: أعْربْ.

طالب آخر: إعْراباً.

2- 3- **عرض القاعدة وتفصيلها:** قبل البدء بتفصيل القاعدة ينبغي تذكير الطلبة بقوة الحركات وترتيبها، وتأثير هذه القوة في كتابة الهمزة المتوسطة فالكسرة أقوى الحركات وتليها الضمة ثم الفتحة ثم السكون وهي أضعف الحركات. تكتب القاعدة على السبورة بخط واضح وجميل ومفصل كالآتي:

أ- تكتب الهمزة المتوسطة على كرسي الياء هكذا (ئـ) اذا كانت الهمزة مكسورة أو كسر الحرف الذي قبلها ومن أمثلة ذلك:

1- يطمَئِنُّ، أسئِلة، افئِدة.

2- هِيئت، يكافِئهم، جِئتكم.

تلاحظون في الكلمات الموجودة في (أ) رقم (1) أن الهمزة وردت مكسورة.

أما في رقم (2) فإن الحرف الذي سبق الهمزة جاء مكسوراً ولذلك كتبت الهمزة المتوسطة على كرسي بغض النظر عن حركتها لأن الكسرة أقوى الحركات.

ب-تكتب الهمزة المتوسطة على الواو هكذا (ؤ) اذا كانت الهمزة مضمومة وليس مكسورا ما قبلها، أو كان الحرف الذي قبلها مضموما وهي مفتوحة أو ساكنة مثل

1- فُؤُوس، مَؤُونة، يبدَؤُها.

2- فُؤَاده، مُؤَنث، بُؤْس، مُؤْمِن.

تلاحظون في القاعدة (ب) في رقم (1) أن الهمزة جاءت مضمومة وما قبلها جاء مضموما كما في كلمة (فؤوس) وجاءت الهمزة مضمومة وما قبلها جاء مفتوحا كما في كلمتي (مؤونة ويبدؤها).

أما في الرقم (2) فقد جاء مضموما ما قبلها وهي مفتوحة كما في كلمتي (فؤاده ومؤنث) وجاء كذلك مضموما ما قبلها وهي ساكنة كما في كلمتي (بؤس ومؤمن).

ج- تكتب الهمزة المتوسطة على الألف هكذا (أ).

1- اذا كانت الهمزة مفتوحة أو كـان مفتوحا ما قبلها مثل:سَأل، تَأَلم،

مُكافأَة، مسْألة، يأْخذ، مَأْمور، بدَأْت.

2- وهناك همزة تكتب على ألف أيضا تسمى همزة المد هكذا (آ) وهي: الهمزة التي تأتي مفتوحة بعد فتح أو بعد ساكن وتلتها ألف المد، أو الف التثنية أو ألف الضمير أو علامة جمع المؤنث السالم (ات) ومن امثلة ذلك: مآثر، ظمآن، ملجآن، مُنشآت.

د- تكتب الهمزة المتوسطة منفردة على السطر هكذا (ء).

1- اذا وقعت بعد ألف المد وكانت مفتوحة مثل: (تثاءَب، تساءَل، قراءَة، رأيتُ أصدقاءكم).

2- اذا كانت مفتوحة بعد واو ساكنة مثل (مخبْوءَة، موبوْءَة، مملوْءَة).

4- **التطبيق:** قال تعالى (**لِكُلِّ امْرِئٍ مِنْهُمْ يَوْمَئِذٍ شَأْنٌ يُغْنِيهِ**) (عبس:37) وردت الهمزة الوسطية في كلمتين 1- حددهما؟ 2- ما سبب كتابة الهمزة بهذا الشكل؟

التنظيم السبوري

اليوم______ الموضوع: قواعد كتابة الهمزة الوسطية الصف: الثاني (آ)

التاريخ______ الحصة الثالثة

أ	ب
تكتب الهمزة المتوسطة على كرسي (ئـ) إذا كانت الهمزة مكسورة أو كسر الحرف الذي قبلها. 1- يطمَئِن، أسئِلة، افْئِدة. 2- هُيِّئت، يكافِئهم، جِئتكم	تكتب الهمزة المتوسطة على الواو هكذا (ؤ) إذا كانت الهمزة مضمومة وليس مكسورا ما قبلها أو كان الحرف الذي قبلها مضموما وهي مفتوحة أو ساكنة. 1- فُؤوس، مَؤُونة، يبدَؤُها. 2- فُؤاده، مُونث، بُؤس، مُؤمن.
ج	**د**
تكتب الهمزة المتوسطة على الألف (أ)	تكتب الهمزة المتوسطة منفردة على

1- إذا كانت الهمزة مفتوحة أو كان مفتوحا ما قبلها: سَأل، تَألم، مُكافأَة، فجْأَة، مسْألة، يأْخذ، مَأمور، بدأَت. 2- وهناك همزة تكتب على ألف أيضا تسمى همزة المد هكذا (آ) وهي الهمزة التي تأتي مفتوحة بعد فتح أو بعد ساكن وتلتها ألف المد أو ألف التثنية، أو ألف الضمير أو علامة جمع مؤنث سالم مثل: مآثر، ظمآن، ملجآن، منشآت.	السطر (ء): 1- إذا أوقعت بعد ألف المد وكانت مفتوحة: تثاءَب، تساءَل، قراءَة. رأيت، اصدقاءَكم. 2- إذا كانت مفتوحة بعد واو ساكنة مخبوْءة، موبوْءة، مملوْءة.

خطوات تدريس الإملاء الاستماعي

1- **التمهيد والمقدمة:** يقدم المدرس أو يمهد للقطعة المختارة بالحديث عن المعاني والقيم التي تتضمنها، وذلك لتشويق الطلبة إليها، وينبغي للمدرس هنا أن ينبه طلبته على ضرورة إتقان حروف الرسم.

2- **قراءة القطعة قراءة تعبيرية:** يركز المدرس من خلالها على الكلمات الصعبة (من حيث اللغة والإملاء) والمهم في هذه الخطوة بعد ان يفرغ المدرس من قراءة القطعة ان يذكر بالقواعد الإملائية التي جيء بالقطعة تطبيقا عليها.

3- **إملاء القطعة:** يملي المدرس القطعة بهدوء وأناة بعد تقسيمها إلى وحدات مناسبة أو جمل، ولا ضير أن يعيد تملية الجملة (الوحدة) مرتين لاعطاء فرصة مناسبة لبطيئي الكتابة، ولا يجوز ان يكرر المدرس الوحدة الواحدة أكثر من مرتين لان المطلوب حمل الطلبة على حسن الإصغاء وجودة الانتباه.

ومن الضروري ألا ينسى المدرس علامات الترقيم في القطعة، بعد انتهاء هذه المرحلة (مرحلة التملية) يقرأ المدرس قراءة واحدة لتدارك الأخطاء والنقص(تستغرق هذه الخطوة نصف وقت الدرس) وبعدها تجمع الدفاتر لتصحيحها.

خطة لتدريس الإملاء الاستماعي

اليوم______ الموضوع: إملاء استماعي الصف أو الشعبة: الثاني المتوسط (أ)

التاريخ______ الحصة الثالثة

الهدف العام: ثابت في جميع الخطط.

الهدف الخاص: ما يخص الدرس المعني.

خطوات الدرس:

1- التمهيد أو المقدمة: يوضح الدرس كيفية التقديم أو التمهيد للقطعة المختارة (10) دقائق.

2- قراءة القطعة المختارة قراءة تعبيرية (10) دقائق.

3- إملاء القطعة: (15) دقيقة.

4- جمع الدفاتر وتصحيحها (بقية الوقت).

درس نموذجي لتدريس الإملاء الاختبار الاستماعي

اليوم______ الموضوع: اختبار في قطعة إملائية عن الهمزة المتوسطة الصف الثاني المتوسط (أ)

التاريخ______ الحصة الثالثة

الهدف العام: ثابت في جميع الخطط.

الهدف الخاص:

1- استذكار القواعد الإملائية الخاصة بالهمزة المتوسطة، والاستفادة منها في كتابة الكلمات والجمل كتابة صحيحة.
2- تمكين الطلبة من حسن الاستماع والمتابعة والإصغاء.
3- تزويدهم بالقيم التي يتضمنها النص.
4- زيادة الثروة اللغوية وتحسين الألفاظ.

خطوات الدرس:

1- **التمهيد والمقدمة:** يمهد المدرس للموضوع الجديد بذكر القيم والمفاهيم التربوية التي يحملها النص المختار من وصية أعرابية لابنها وفيه توجهه إلى عدم الاستجداء من الناس عندما تضيق به الدنيا من ناحية المعيشة، فسؤال الغير مذلة والاستجداء منقصة للشخصية إذ فيه تضعف النفوس وتذل. والنفوس الإنسانية مقدسة في الإسلام إذ دعا الرسول محمد صلى الله عليه وسلم إلى العمل والعيش الشريف وعدم سؤال الغير إذ قال: (لأن يأخذ أحدكم أحبله ويأتي بحزمة من حطب فيبيعها خير له من أن يسأل الناس اعطوه أو منعوه). ويقول الشاعر الحكيم زهير بن أبي سلمى:

سألنا فأعطيتم وعدنا فعدتم ومن أكثر التسآل يوما سيحرم

إن الإنسان المؤمن القوي يجب ان يتوجه بسؤاله إلى خالقه العظيم الذي يتوجه إليه الجميع بالسؤال، السائل والمسؤول فهو الرحمن الرحيم الرؤوف بعباده.

وتعلم الأعرابية ابنها قيما أخرى فهي تنهاه عن مجادلة الحليم وتكذيبه لأن ذلك يؤدي إلى ان المعصية والطغيان، وتنهاه عن مجادلة السفيه لأنه يلحق به الأذى، وهكذا نستنتج أنها تدعو ابنها إلى ما يأتي:

1- الإيمان بالله وشكره في السراء والضراء، إذ هو مقسم للأرزاق.

2- عدم سؤال الناس عما في أيديهم.
3- سؤال الناس مذلة.
4- النفس الإنسانية مقدسة في الإسلام فيجب ان يحترم الإنسان نفسه ويعزها.
5- دعوة للعمل الهادئ الرزين.
6- عدم التعرض للغير سواء أحليما كان الغير ام سفيها.

2- **قراءة القطعة المختارة قراءة تعبيرية:** والقطعة هي: أوصت أعرابية ابنها فقال: أي بني اتئد في عملك اتئاداً، ولا تسأل الناس ما في أيديهم لئلا تهون عليهم، واذا لزمك سوء الحال، فاجعل سؤالك إلى من إليه حاجة السائل والمسؤول فإنه هو الرؤوف الرحيم، ولا تمارين حليما أو سفيها فإن الحليم يطغيك والسفيه يؤذيك.
3- **إملاء القطعة:** يملي المدرس القطعة بحسب الخطوات التي ذكرت سابقا.
4- **جمع الدفاتر وتصحيحها.**

تصحيح الإملاء

هناك أساليب متنوعة لتصحيح الأمالي، لكل أسلوب من هذه الاساليب أهدافه وفوائده ومزاياه مثلما على كل أسلوب منها مآخذ.

وعلى المدرس أو المعلم ان يختار الأسلوب الذي يناسب تلاميذه وطلبته، ويستطيع ان ينوع هذه الأساليب بحسب مقتضيات حاجات الطلبة أو التلاميذ.

إن أساليب تصحيح الإملاء كثيرة ولكن أكثرها اتباعا ما يأتي:

1- **تصحيح إملاء كل طالب أمامه،** يقوم هذا الأسلوب على أن يصحح المعلم إملاء كل تلميذ أمامه ويرشده إلى خطئه مباشرة،وكيفية تصحيح الخطأ على أن يقوم بقية التلاميذ بعمل آخر كالقراءة أو التدرب على الخط وما إلى ذلك.

إن مزايا هذا الأسلوب تجعل التلميذ يفهم خطأه حالا ويحس بقربه من

المعلم وصلته به، وأنها تمكن المعلم من تعرف مستوى التلميذ ودرجة تقدمه ومهارته أو ضعفه في الإملاء.

أما المآخذ على هذا الاسلوب في التصحيح فهو ربما يجعل بقية التلاميذ ينصرفون عن العمل ويميلون إلى اللعب والعبث لأن معلمهم مشغول بأحد زملائهم.

2- **التصحيح خارج الصف:** في هذه الحالة يجمع المعلم دفاتر الإملاء ويصححها خارج الصف، وذلك بكتابة الكلمة الصحيحة فوق الكلمة التي أخطأ فيها التلميذ، وهذا يستدعي أن يقرأ المعلم جميع الأمالي كلمة كلمة، وبعد تصحيح الدفتر يطلب المعلم من التلميذ أن يصحح الخطأ بكتابة الصواب عدة مرات قد تصل ما بين (5-10) مرات بحسب نوع الكلمة وأهميتها.

أن هذه الطريقة في التصحيح هي الشائعة، ومن ميزاتها ان القطعة الإملائية ستكون مصححة تصحيحا كاملا لأن المصحح هنا هو المعلم نفسه، ولكن يؤخذ على هذا النوع من التصحيح أنه يكلف المعلم جهدا كبيرا ولا ينبه التلميذ إلى خطئه تنبيها كافيا، ومن مخاطرها أن الخطأ يترسخ في ذهن الطالب لتأخر معرفة الصواب.

3- **التصحيح على السبورة:** وفيه يكتب المعلم أو المدرس القطعة الإملائية على السبورة ويطلب من تلاميذه تصحيح الأخطاء التي وردت في إملائهم، فاذا ما اكتشف التلميذ خطأً وضع تحته خطاً وكتب الصواب فوقه ويستطيع المعلم هنا الاستفادة من الوقت المقرر لكتابة القطعة على السبورة بإحضار القطعة مخطوطة على لوحة كبيرة تعرض على التلاميذ بعد انتهاء تمليتها عليهم.

وهذه الطريقة في الواقع معروفة ومتبعة في تدريس الإملاء المنظور، وان من حسنات هذا الأسلوب في التصحيح في أنه يجعل انتباه التلاميذ انتباها شديدا ويحملهم على دقة الملاحظة ويعودهم الثقة بالنفس الاعتماد عليها،

فضلا عن تنمية صفة الصدق والأمانة لديهم، وتقدير المسؤولية والشجاعة في قول الحق وهو الاعتراف بالخطأ هنا. زيادة على ذلك فإنها خطوة تربوية مهمة في تربية الأخلاق وتقويم السجايا.

أما ما يؤخذ على هذا الاسلوب فإنه عدم ضمان التصحيح التام اما نتيجة عدم انتباه التلاميذ إلى كل ما يجب تصحيحه، وأما نتيجة رغبة التلاميذ في إخفاء أخطائهم فعلى المعلم هنا ان يتخذ بعض التدابير وذلك بمراقبة تصحيح التلاميذ مراقبة تامة لا تدعهم يشعرون بالإهمال وان يشعرهم دائما بأهمية بسط الثقة بينه وبينهم، ومع ذلك فعلى المعلم أن يصحح الدفاتر مرة أخرى إذا ما وجد ضرورة إلى ذلك.

4- **تبادل الدفاتر بين التلاميذ:** في هذا الاسلوب من التصحيح بتبادل تلاميذ الصف دفاتر الإملاء فيما بينهم، فيراجع كل منهم دفتر زميله وذلك بمقارنة كل كلمة في الدفتر مع كل كلمة على السبورة أو في الكتاب المقرر إذا كانت القطعة من كتاب مقرر.

وبعد التصحيح ترد الدفاتر إلى أصحابها ليقف كل تلميذ على خطئه الذي حدده له زميله- وهذه الطريقة تشبه الطريقة السابقة على تحري أخطاء زملائهم واصلاحها، وأنها تنمي الثقة بالنفس وتجعله يشعر بالفخر لأنه يعاون معلمه ويقوم بجزء من عمله.

ومع ذلك فإن هذا الأسلوب في التصحيح لا يخلو من محاذير فإنه يولد اضطرابا في أذهان التلاميذ نتيجة رؤيتهم لاملاء طبيعة كلماته ورسم حروفه مختلفة عما ألفه.

وأنه يجعل بعض التلاميذ ميالين لإظهار أخطاء زملائهم بسبب روح التنافس بينهم أو لإخفاء أخطائهم انفسهم أو إخفاء أخطاء زملائهم عندما يرتبط بهم بشيء من المودة والصداقة.

وعلى المعلم هنا ان يقوم بالتصحيح بنفسه ليتأكد من عمل التلاميذ قد تم على الوجه الأكمل وواقفاً على اسباب الإهمال، أو التحامل، أو المحاباه

لمعالجتها بطريقة تربوية ناجحة.

الفصل السادس

التعبـــــير

- مفهوم التعبير وأهميته
- طبيعة عملية الكلام.
- الرصيد اللغوي.
- التعبير بين الوظيفية والإبداع.
- خطوات تدريس القواعد الإملائية.
- أسس التعبير . وأسباب ضعف الطلبة في التعبير.
- أنواع التعبير .(شفهي، تحريري).
- **أهداف تدريس التعبير (خطواته، خطة في تدريسه، درس نموذجي في تدريس التعبير (الشفهي والتحريري)، مناقشة نموذجية لموضوع في التعبير التحريري.**
- **تصحيح التعبير .**
- **تصحيح الإملاء.**

مفهوم التعبير وأهميته

التعبير لفظا هو (الإبانة والإفصاح عما يجول في خاطر الإنسان من أفكار ومشاعر، بحيث يفهمه الآخرون) والتعبير اصطلاحا هو (العمل المدرسي المنهجي الذي يسير وفق خطة متكاملة للوصول بالطالب إلى مستوى يمكنه من ترجمة أفكاره ومشاعره وأحاسيسه ومشاهداته وخبراته الحياتية شفاها وكتابة بلغة سليمة وفق نسق فكري معين).

إن التعبير أهم فرع في اللغة العربية فهو غاية بينها جميعا وما هي إلا وسيلة مساعدة عليه، فإذا كانت المطالعة تزود القارئ بالمادة اللغوية والثقافية واذا كانت النصوص منبعا للثروة الأدبية، واذا كانت القواعد النحوية وسيلة لصون اللسان والقلم عن الخطأ، واذا كان الإملاء وسيلة لرسم الكلمات والحروف رسما صحيحا فإن التعبير غاية هذه الفروع مجتمعة وهو غاية تحقيق هذه الوسائل.

إن للتعبير منزلة كبيرة في حياة الطالب المتعلم والناس على حد سواء فهو ضرورة من ضرورات الحياة إذ لا يمكن الاستغناء عنه في أي زمان أو مكان، لانه وسيلة الاتصال بين الأفراد وهو الذي يعمل على تقوية الروابط الفكرية والاجتماعية وبه يتكيف الفرد مع مجتمعه إذ تتحقق الألفة والأمن وبه يربط الماضي بالحاضر وبه ينتقل التراث الإنساني من جيل لآخر، وبه يتم الاتصال بتراث المجتمعات الأخرى.

إن التعبير كما يقال رياضة الذهن فالأفكار والمعاني غالبا ما تكون غامضة وغير محددة في الذهن، والإنسان عندما يضطر إلى التعبير هو يضطر إلى أعمال الذهن لتحديد الأفكار والمعاني وتوضيحها والتعبير عنها شفهيا أو الكتابة فيها تحريريا.

والتعبير على الصعيد المدرسي نشاط لغوي مستمر فهو ليس مقررا في درس التعبير بل إنه يمتد إلى جميع فروع مادة اللغة داخل الصف أو خارجه وكذلك يمتد إلى المواد الدراسية الأخرى، ففي فروع اللغة فإن إجابة الطالب عن أسئلة في القراءة فرصة لممارسة التعبير، وفي شرح الطالب بيتا من الشعر تدريب على التعبير، وفي إجابة الطالب عن أسئلة حول نصل في الإملاء يتحقق التعبير، ومع ذلك فإن إجادة

التعبير والمهارة فيه لا تتحقق إلا بالممارسة المستمرة والتدريب المتواصل.

ويجب إلا يتبادر إلى الذهن أن التعبير يعنى بمجموعة من المهارات اللغوية التي يجب ان يتقنها الطالب ليعبر بها عما في نفسه وإنما التعبير زيادة على ذلك يعنى بالبعد المعرفي، وهذا البعد يرتبط بتحصيل المعلومات والحقائق والأفكار والخبرات ولا يتم ذلك إلا بالقراءة المستمرة المتنوعة الواعية، أي أنه يجب أن تسبق عملية القراء كل عملية تعبير، ويتطلب هذا الأمر من المدرسين تحديد موضوعات قرائية أو كتب تقرأ قبل تكليف طلبتهم بالحديث عن موضوع معين أو الكتابة فيه.

ومن هنا يعمد مدرسو اللغة العربية إلى تحفيظ طلبتهم قطعا نثرية أو قصائد شعرية أو إجراء محاورات لان كل ذلك يساعد على توسيع نطاق المعرفة واتقان اللغة وقواعدها وتراكيبها واستعمال الألفاظ في مواقعها المطلوبة.

والتعبير بعد ذلك يستمد أهميته من كونه وسيلة الإفهام، ومن كونه متنفس الطالب بالتعبير عما تجيش به نفسه، ومن كونه يوسع دائرة أفكاره، ويعوده التفكير المنطقي وترتيب الأفكار والاستعداد للمواقف الحيوية التي تتطلب فصاحة اللسان والقدرة على الارتجال.

وينبغي هنا ان نفرق بين مصطلحي الإنشاء والتعبير، وقد وجد ان بعض المربين يميلون إلى استعمال مصطلح الإنشاء ويؤثرونه على مصطلح التعبير والواقع ان كلمة الإنشاء تعني الخلق أو الإبداع والخلق والإبداع ليس مما يواتي كل فرد أو يتهيأ لأي إنسان، وإنما هو امر هو وراء التعليم لحاجته إلى ما يسمى بالموهبة أو الاستعداد.

إن غرضنا من الدرس هو ان نعد إنسانا قادرا على ان يعبر عما يواجهه من مواقف الحياة تعبيرا واضح الفكرة، صافي اللغة، وسليم الأداء ، يتلقاه عنه السامع أو القارئ فيفهمه ويتبين مقاصده.

وعليه فإن كلمة التعبير أدل على ذلك وألصق به من كلمة الإنشاء فليس من المعقول في الدرس أن نعد إنسانا ينشئ الكلام الذي لم يسبق إليه قائله فيتلقاه عنه السامع أو القارئ فتسعد به نفسه وتأنس لأنه يحمل إليها شيئا من الجمال الفني أيا كانت

درجته[1].

طبيعة عملية الكلام

يرى العزاوي ان الحقائق التي أثبتتها الدراسات أن الحديث هو الخطوة الأولى لتعليم الأطفال القراءة والكتابة، وانه أمر أساسي لبناء ثروة كبيرة من المفردات والأفكار قبل البدء بتعليمهم عملية القراءة. ويرى المربون أنه من الخطأ إجبار الطفل على تعلم القراءة إذا لم يكن قد مارس أنشطة كافية من الكلام.

ومن الخطأ أيضا ان نتوقع من الصغار تعلم القراءة قبل ان تنمو قدرتهم على التعبير الشفهي وفهم أفكار الآخرين المنطوقة أو المكتوبة.

إن التعبير الشفهي يقوم على جانبين: الاول يتعلق بالنمو اللغوي أي جانب لغوي والثاني جانب صوتي.

وفيما يتعلق بالجانب الأول علينا ان نشير إلى أن المستعمل من اللغة في حالات الخطاب الطبيعي شيء محدود ولذا من الخطأ أن يعتقد المعلمون أن كل ما يوجد في اللغة صالح للتعلم.

فهؤلاء يذهبونه إلى أنه كلما زاد علم المتعلم باللغة وأوضاعها مهما كانت فهو ثروة لغوية له ولابد أن تفيد، ان هذا غير صحيح بل ينفيه الواقع الذي يعيشه المتكلمون فالمتكلم العادي لا يستعمل في مخاطباته اليومية إلا عددا محدودا من المفردات، فمثلا أثبتت البحوث العلمية أن الفرد المتوسط الثقافة لا يستعمل أكثر من (2500) كلمة في مخاطباته، أما العالي الثقافة فبين (4-5) آلاف فقط.

وعلى هذا الاساس فإن شحن ذاكرة المتعلم بهذه الكثرة الكاثرة من المفردات عمل يتنافى وما هو حاصل في واقع الخطاب، وعلى هذا الأساس أيضا ينبغي أن نكتفي بتعليم ما يحتاج إليه المعلم فعلاً حتـى يستجيب لما يتطلب الخطاب الحقيقي ومواقفه الطبيعية لا المتوهمة أو المصطنعة[2].

---

(1) من قضايا تعليم اللغة العربية (رؤية جديدة) د.نعمه رحيم العزاوي ص 64.

(2) من قضايا تعليم اللغة العربية (رؤية جديدة) د. نعمه رحيم العزاوي ص 67-68.

الرصيد اللغوي

إن ظاهرتي غزارة المادة اللغوية وغزارة الألفاظ أدتا إلى أن تتبنى المنظمة العربية للثقافة والتربية والعلوم مشروعا اسمته الرصيد اللغوي، ولخصت هذه بضبط مجموعة من المفردات والتراكيب العربية الفصيحة الجارية على قياس كلام العرب والتي يحتاج إليها التلاميذ في مرحلة التعليم الابتدائي والثانوي حتى يتسنى لهم التعبير عن الأغراض والمعاني التي تجري في التخاطب اليومي من ناحية التعبير عن المفاهيم الحضارية والعلمية التي يجب ان يتعلمها التلميذ في هذه المرحلة من التعليم من ناحية أخرى.

وهذا يعني ان الغرض من مشروع الرصيد اللغوي هو ان يكتسب التلميذ في كل مرحلة من مراحل تعليمه ما يحتاج إليه الا يزيد الرصيد اللغوي على ذلك وهذا يستدعي خطوتين:

الأولى: ضبط رصيد التلميذ اللغوي وذلك بضبط كمية المفردات والتراكيب التي يتعلمها من كتب القراءة والنصوص وسائر الكتب العلمية والإنسانية الأخرى والثانية مراقبة الاستفادة مما يتعلمه من مفردات وتراكيب في تعبيره، كلامه وكتابته، فالتعبير بما يكتسبه من مفردات وتراكيب هو مقياس تعلمه الحقيقي لها وصيرورتها جزءا من ثروته اللغوية.

إن الذي يتأمل دروس التعبير على ما هي عليه في مدارسنا يجد أن المعلم لا يلقي بالاً لمدى استفادة التلميذ مما تعلمه في دروس القراءة والنصوص من مفردات وعبارات، ولعل سبب ذلك هو إيمانه بأن أكثر ما يتعلمه في هذه الدروس لا يمكن الاستفادة منه في تعبير حي لموقف طبيعي من مواقف الخطاب فلو ان ما يتعلمه التلميذ من مفردات مبرمج بدقة ومنظور فيه إلى ما يحتاج إليه المتعلم فعلا لا نعكس ذلك بقدر أو بآخر في تعبيره شفهيا كلن أو مكتوبا.

أما الجانب الصوتي من الكلام فيجب أن يوليه المعلم جانبا من اهتمامه ذلك لأن الصوت عنصر مهم من عناصر الشخصية، فصوت المتكلم ودرجه نبرته يساعدان

الكلمات على التعبير عن مدلولاتها ويسهمان في نقل المعاني التي يرمي إليها المتحدث[3].

التعبير بين الوظيفية والإبداع

يذهب اللغويون المحدثون إلى ان التعبير اللغوي يأتي من درجات يعلو بعضها بعضا، فهناك اللغة المفهمة واللغة الصحيحة واللغة البليغة.

لا يتطلب من اللغة المفهمة أكثر من أن تكون مجرد أداة للإفهام في أدنى درجاته، وواضح ان هذه الدرجة من التعبير لا مكان لها في حياتنا اليومية، فنحن لا نحرص في هذه الحياة على الإفهام فقط، بل نتحرى معه شيئا آخر هو الصحة، بمعنى ان اللغة المفهمة تجيء اللغة الصحيحة وهي في درجة أعلى من سابقتها لأنها تحقق الإفهام وتتسم بالتزام قواعد اللغة وقوانينها، وهذه الدرجة من التعبير هو ما نسميه بالتعبير الوظيفي.

وهناك إلى جانب هاتين الدرجتين من التعبير اللغوي (اللغة البليغة) وهي درجة تعلو مجرد الصحة والإفهام وهذا النمط من التعبير لا يتأتى إلا للأدباء الموهوبين.

يتضح من ذلك ان التعبير الذي يتوافر فيه شرطا الصحة والإفهام هو التعبير الذي نريد لكل طالب أن يكون على حظ منه لأنه مهارة ضرورية تقتضيها الحياة العامة من جهة، ويفرضه الانتماء القومي من جهة أخرى.

أما التعبير البليغ ويسمى (الإبداعي) فهو الذي يتجاوز شرطي الصحة والإفهام إلى التأثير في القارئ وحمله على التعاطف مع المنشئ ليعيش في تجربته ويحس بإحساسه، ويتخذ هذا الفرع من التعبير أشكالا شتى فقد يكون قصيدة أو قصة أو مقالة وجدانية مؤثرة أو خطية أو مسرحية.

إن أهم ما يميز (التعبير البليغ) أو (التعبير الإبداعي) توافر عنصرين مهمين فيه هما (العاطفة والأصالة) فالعاطفة هي عماد التعبير الإبداعي والباعث عليه، فما لم

---

(3) من قضايا تعليم اللغة العربية (رؤية جديدة) د.نعمه رحيم العزاوي ص 69-70.

تعتلج في نفس المنشئ عاطفة ما أو يتحرك في قلبه شعور معين، لا يندفع للتعبير، ولا ينشط للإفصاح والإبداع، وان توافر عنصر العاطفة في التعبير الإبداعي يؤدي إلى استعمال اللغة الفتية التي تقوم على الخيال وتعتمد على العناصر البلاغية المعروفة من تشبيه واستعاره ومجاز وكناية.

أما الأصالة فنعني بها أن يكون التعبير متميزا لم يسبق إليه قائله ويحمل طابع صاحبه أو يختلف بماله من خصائص لغوية وأسلوبية عن كتابات الآخرين.

اما التعبير الوظيفي فهو مهارة لغوية لا مناص منه لكل إنسان من اتقانها ليستطيع أن يتواصل مع مجتمعه ويؤدي دوره المنوط به في الحياة ان تقتضيه ضرورات الحياة المختلفة ويستدعيه التعامل مع الناس في الحياة العامة، ويتطلب لغة سالمة من الخطأ وفقرات مترابطة وبعيدة عن الحشو الاستطراد[4].

أسس التعبير

إن التعبير أسساً منها نفسية تتعلق بميل الطالب إلى التعبير عما في نفسه، ومنها تربوية كحريته في اختيار الموضوعات والتعبير عنها، ومنها لغوية وتتعلق بالعمل على إنماء المحصول اللغوي، ويمكن تفصيل هذه الأسس في تعليم التعبير بما يأتي:

- الاهتمام بالمعنى قبل اللفظ إذ على المدرس ان يهتم بالأفكار قبل الألفاظ التي تعبر عن تلك الأفكار، ويجب على الطالب ان يشعر بذلك لأن تكوين الفكرة لديه تسبق اختيار الألفاظ للتعبير عنها.

- لكي تؤيد اللغة وظيفتها يجب ان يتم التعبير في مواقف طبيعية وعلى المدرس ان يخلق تلك المواقف لطلبته.

- ان يتدرب الطالب على بعض مجالات التعبير الكتابي اعتمادا على المعلومات التي استقاها من المواد الدراسية الأخرى، لأن هذه المواد مع مادة اللغة العربية هي التي تكون ثقافة معينة لدى المتعلم.

---

(4) من قضايا اللغة العربية (رؤية جديدة) د.نعمة رحيم العزاوي ص 72-75.

- يجب ان يتم التعبير في جو بعيد عن التكلف يشعر فيه الطالب بالحرية وذلك مدعاة لأن ينطلق الطالب في التعبير فكرا ولغة.
- ضرورة ان يتزود الطلبة بمستويات وبمعايير يستخدمونها عند الكتابة لانهم بمعرفة تلك المعايير سوف يحققون الأهداف المرجوة من كتاباتهم.
- تكون الدافع لدى الطلبة نحو الكتابة، والواقع أن هناك وسائل عديدة لاستثارة هذا الدافع منها: خبرتهم السابقة، وتوفر موضوعات في مجلات خاصة، أو معالجة موضوع معين من خلال الإذاعة المدرسية أو تخصيص جائزة لمن يكتب في موضوع ما مثلا.
- يجب إجراء مناقضة حرة مع الطلبة لجوانب الموضوع لكي تتحدد الأفكار الأساسية فيه وهذا لا يتم إلا بالحوار البناء بين المدرس وطلبته.
- تعويد الطلبة أن يعالجوا الموضوع التعبيري بطريقة محددة، فالموضوع يتضمن مقدمة وعرضا وخاتمة، فتخطيط الموضوع من أهم واجبات المدرس التي يقف فيها مرشدا وموجها، فكتابة الموضوع يجب ان تتضمن مقدمة جذابة مشوقة وعرضا تنتظم فيه الأفكار بطريقة سليمة مع مراعاة استخدام نظام الفقرات وخاتمة توجز ما تتضمنه الموضوع من أفكار.
- ضرورة مراعاة سلامة التراكيب، واختيار الجمل، والتعبير عن الأفكار وصحة استخدام أدوات الربط بحسب معناها.
- مراعاة استخدام علامات الترقيم وعلى المدرس ان يوضح كيفية استخدام كل علامة من هذه العلامات وتأثيرها في المعنى.

ولكي تتحقق هذه الأسس على المدرس ان يعرف واجباته كما على الطالب معرفة واجباته- فعلى المدرس أن يكون ملما ببعض المعارف والعلوم أكثر من الطالب نفسه ليستطيع أن يطلق حكما صحيحا حول أفكار طلبته ومعلوماتهم، وعلى المدرس أن يعرف كيف يتفاعل مع الطبيعة وكيف يتذوقها لأن ذلك تشجيع لطلبته على أن يعرفوا أهمية الطبيعة ويتفاعلوا معها، وعلى المدرس لا يكلف طلبته الحديث أو الكتابة في أمور لا يعرفونها ذلك ان الموضوعات غير الواضحة تؤدي إلى التعبير عن أفكار

غامضة غير واضحة، وعلى المدرس ان يتيح الفرصة الكافية لطلبته ليقوموا ببناء الجمل الواضحة في دلالتها اللغوية والمعنوية.

أما الطالب فعليه وهو يعبر أو يكتب حول موضوع ما أن يلتزم دقة ملاحظة الأشياء، وان يصفها كما هي، وان يستند إلى ما يحس ويشعر لأن ذلك يساعد في انتقاء الكلمة والجملة والتعبير عن المعاني بلغة مناسبة وعليه أيضا أن ينظم الأفكار الرئيسية ويحددها قبل الكلام أو بعد الكتابة وضرورة معرفته مناقشة الأفكار وهو يعرضها عرضا جيدا، زيادة على ذلك فإن الطالب ينبغي أن يتقن قواعد اللغة ويبتعد عن السرد الجاف، وأن يوظف الاقتباسات توظيفا صحيحا ويستخدم علامات الترقيم استخداما صحيحا.

أسباب ضعف الطلبة في التعبير

أكدت الدراسات على اختلافها ضعف التلاميذ والطلبة في التعبير بل أن بعض الدراسات أثبتت قصورا شديدا في التعبير لدى المتعلمين في المراحل الدراسية كافة، فقد شخص المهتمون هذه الأخطاء في التفكير والأسلوب وكثرة الأخطاء النحوية والإملائية، زيادة على ذلك فإن الطلبة كثيرا ما يظهر ضعفهم في الإملاء بسبب ابتعادهم عن معالجة الفكرة الرئيسية في الموضوع، أو اعتمادهم مقدمات طويلة مملة مما يؤدي إلى تشتت الذهن وتشويه الأفكار.

وعلى الرغم من كثرة العوامل والأسباب التي تؤدي إلى الضعف البين في التعبير فإنها يمكن أن نأخذ هذه الاسباب على محورين أساسيين هما: محور المعلم ومحور الطالب، والى جانب هذين المحورين تقف اسباب أخرى كثيرة تعمل على تأخر الطالب في التعبير، فمنها ما يتعلق بالتربية المنزلية ومنها ما يتعلق بخطة الدراسة وقصورها ومنها ما يتعلق بوسائل الإعلام على اختلافها.

فبالنسبة للمعلم فإن أولى سلبياته تكون في فرضه الموضوعات التقليدية التي لا تمثل تفكير الطالب أو اختياره، فقد يفتقر الطالب إلى الخبرة الشخصية في ذلك الموضوع، لان قضية الموضوع من أهم القضايا التي يثار حولها جدل بين المتعلمين

والمتخصصين في اللغة.

إن حسن اختيار الموضوع الذي يتماشى وميول الطلبة ورغباتهم سيؤدي إلى إقبال الطلبة عليه ورغبتهم في التعبير عنه، وسواء أكان ذلك التعبير شفهيا ام تحريريا، وفي هذه الحالة نكون قد حققنا الهدف المنشود من اختيار الموضوع بشكل خاص والتعبير عنه بشكل عام.

اما إذا أسيء اختيار الموضوع فإن الطلبة بطبيعتهم لا يقبلون عليه أو ربما يتهربون منه، واذا أجبروا على ذلك فإن كلامهم أو كتابتهم تأتي ركيكة مهلهلة لا روح فيها ولا إجادة، وكثيرا ما يلجأ الطلبة في هذه الحالة إلى من يساعدهم أو من يخلصهم من هذا الهم الذي يثقل كواهلهم، وبالتالي فإن الكتابات تأتي لتعبر عن أفكار ومعاناة هي ليست أفكار أو معاناة الطلبة أنفسهم.

إن صعوبة اختيار الموضوع تكمن فيما بين الطلبة من فروق في الرغبات والاهتمامات والميول، ولذا قيل أن من أحسن الموضوعات التي يعبر فيها الطالب هي الموضوعات التي يختارها بنفسه إذ انه في هذه الحالة يحس بالموضوع ويرغب رغبة حقيقة في التعبير عنه.

ومن الأسباب التي تؤدي إلى الضعف في التعبير هو أن قسما من المعلمين يتحدثون أمام طلبتهم باللهجة العامية، لأن الطالب وبخاصة في المرحلة الابتدائية يقتدي بمعلمه ويحاكيه ويتعلم منه الكثير حينما يتحدث، ويشرح ويوجه، ومن هنا كان من الضروري أن تكون لغة المعلمين والمدرسين في الصف سليمة فصيحة، وهنا ينبغي أن يكون الحديث باللغة العربية الفصيحة السهلة المناسبة للمرحلة الدراسية، فيختار المعلم الكلمات العربية الصحيحة التي يتداولها التلاميذ وتكون مألوفة لديهم وشائعة في أحاديثهم، فالمعلم الناجح هو الذي يستفيد من لغة الكلام التي يأتي بها التلميذ إلى المدرسة، وهنا يمكن أحكام الصلة بين لغة التعليم ولغة التخاطب اليومي.

ومن الاسباب الأخرى التي تتعلق بالمعلم وتؤدي إلى ضعف التلاميذ في التعبير هي عدم قدرة المعلم على استغلال فرص التدريب في فروع اللغة العربية الأخرى. وعدم إفادته كذلك من الفرص المتاحة في المواد الدراسية الأخرى بل في

مواقع الحياة المختلفة.

فالمدرس الناجح يجد في القراءة فرصة للتدريب على التعبير، وفي درس النصوص فرصة مواتية للتدريب على التعبير، وفي درس البلاغة وتعرف الصور الخيالية والصور البلاغية الأخرى مجال رحب للتذوق الأدبي الفني والاستفادة منه في درس التعبير، إن للتعبير بعد ذلك صلات وثيقة بالنقد والإملاء والنحو، أليس التعبير هو الغاية بين فروع اللغة وغيره وسائل تساعد عليه؟

زيادة على ما تقدم فإن هناك مآخذ أخرى على معلمي التعبير وهو أنهم لا يستطيعون توليد الدافع لدى الطالب للتعبير عن موضوع معين، إن المعلم الناجح يقتنص الفرصة المناسبة، ويهيئ المجال المطلوب، ويحفز بطريقة ذكية إلى الكتابة، وان توليد الدافع وغيره يتعلق بطريقة التعليم تلك الطريقة التي يعتمدها المعلم أو المدرس في تعليم الإنشاء بنوعية الشفهي والتحريري.

أما الأسباب المتعلقة بالطلبة أنفسهم التي تؤدي إلى ضعفهم في التعبير فهي كثيرة: منها ما يتصل بعدم رغبة معظم الطلبة في المطالعات الخارجية، إذ نجد هؤلاء الطلبة يميلون عادة إلى الملخصات لكي لا يكلفوا أنفسهم عناء القراءة المطولة، فقد تمر السنون على الطالب وهو لم يعرف موقع مكتبة المدرسة، إن كثرة القراءة بلا شك تزيد من حصيلة الطالب اللفظية وتمده بالمعاني والأفكار، وتوسع أفقه وخياله وتربط بين لغته في الحياة وفي المدرسة، وخلاصة القول أن التعبير لا يجود إلا بالقراءة.

ومن الاسباب الأخرى انصراف الطلبة عن الاشتراك في ميادين النشاط اللغوي متمثلة في الصحافة المدرسية، والإذاعة والتمثيل، والخطابة والمناظرات والمحاضرات أو ربما الاشتراك لتأسيس رابطة باسم رابطة المكتبة أو نادي اللغة العربية، وغير ذلك مما هو من ابتكارات المدرسين.

ومن الأسباب المهمة الأخرى التي تؤدي إلى ضعف الطلبة في التعبير هي قلة كتابة الموضوعات، فقد يمر عام دراسي كامل ولا يتناول الطالب سوى موضوع أو موضوعين، ومن المعروف ان المداومة على الكتابة تطوع الأساليب وتنمي الثروة الفكرية واللغوية وتعود على حسن التصرف، والمدرس الناجح هنا هو الذي لا يكتفي

بحصص التعبير المقررة بل يستطيع ان يبتكر طريقة وذلك بتخصيص دفتر باسم دفتر التعبير الحر، يتمتع فيه الطالب بمطلق الحرية في اختيار الموضوعات والكتابة فيها حتى ولو كتب الطالب كل يوم موضوعا أو فكرة عن موضوع.

زيادة على ما تقدم فإن هناك اسبابا أخرى سبق ذكرها منها: وسائل الإعلام على اختلاف انواعها فإن هذه الوسائل فضلا عن كونها وسائل تسلية وتربية فإنها وسائل تثقيف وتعليم، وهي إذا ما أسيء استخدامها فإن اثرها ينتقل إلى المشاهد أو المستمع أو القارئ والطلبة بطبيعة الحال شريحة مهمة من بين المستمعين والمشاهدين والقراء.

ومن الاسباب الأخرى خطة الدراسة المتبعة في تعليم اللغة العربية فقد لا تدفع هذه الخطة إلى مداومة الإطلاع الحر سواء على الصحف أم المجلات ام الكتب مما يتصل بالشؤون السياسية والاقتصادية والاجتماعية وما إلى ذلك ويؤدي المنزل أخيرا دورا خطيرا في أضعاف الطلبة على التعبير، وتبدأ المشكلة منذ أن يبدأ الطفل في اكتساب لغته من محيط أسرته، فالطفل يلجأ إلى الكبار مستوضحا ومن واجب الأسرة هنا ان تشجعه على الكلام، وتنمي رغبته في سرد الحوادث والقصص أو في توسيع دائرة معلوماته باللعب والحديث عن الطبيعة والحديث عن الأصدقاء ولا يغيب عن بالنا ان دور معلم الابتدائية يعد دورا مكملا لما تقوم به الاسرة من تدريب مبكر على التعبير الصحيح فقديما قيل (التعلم في الصغر كالنقش في الحجر).

أنواع التعبير

إن اللغة ابتداء أربع مهارات هي: الاستماع والحديث والقراءة، والكتابة، والتعبير النحوي، يرتبط بمهارتي الحديث والكتابة فاذا ارتبط بالحديث يكون التعبير شفهيا، اما إذا ارتبط التعبير بالكتابة فهو التعبير الكتابي(التحريري).

والتعبير شفهيا كان أو تحريريا فإنه يكون على نوعين حسب نوع المعالجة وطبيعة الموضوع، فاذا كان المقصود منه اتصال الناس بعضهم ببعض كالمحادثة والمناقشة والأخبار... وغير ذلك يسمى هنا (التعبير الوظيفي). أما إذا أكان الغرض

منه التعبير عن الأفكار والخواطر النفسية إلى الآخرين بطريقة مشوقة مثيرة تسمى التعبير الإبداعي، كما سنرى في الصفحات القادمة.

1- التعبير الشفهي

يعد التعبير الشفهي الأساس الذي يُبنى عليه التعبير الكتابي... والواقع لا يتأتى النجاح في التعبير التحريري إذا لم يكن هناك اعتناء واضح بالتعبير الشفهي ومن هنا يأتي الاهتمام بالشفهي أولا في الخطة الدراسية.

إن هذا النوع من التعبير يعتمد أساسا على اعطاء الحرية الكافية للطالب إذ انه عندما يشعر بحريته في التعبير فإنه يتمكن من اختيار المفردات واستحضار الأفكار، وصياغة الجمل والتراكيب.

إن هناك أساليب كثيرة للتعبير الشفهي، منها ما يقوم على عرض القصص المصورة، والطلب من التلميذ التعبير عنها بالنظر إليها ويكون ذلك خاصا في المرحلة الابتدائية.

إن ذلك الأسلوب (أسلوب المحادثة الشفهي) هو الأسلوب الطبيعي المعتمد في الحياة العلمية. فالناس يتحدثون أكثر مما يكتبون، وهنا يظهر دور المدرس في تدريب طلابه على المحادثة الصحيحة وذلك عن طريق الممارسة سواء أكان ذلك في درس التعبير أم في غيره.

إن مجالات التعبير الشفهي في المرحلة المتوسطة والإعدادية كثيرة وواسعة، ففيها قد يثير المدرس مثلا المشكلات ذات وجهات النظر المختلفة ويهيئ طلابه لتبني آراء معينة والدفاع عنها. وإن جودة التعبير الشفهي مستمدة من حضور الأفكار والمعاني التي ستكون موضوعا أو محورا للحديث ومحاور الحديث في التعبير الشفهي التي يحتاجها الطالب أكثر من غيرها هي: الترحيب والتوديع والتقديم والتعقيب والمناقشة وإدارة الجلسات والندوات والتحدث في الوطنية والقومية والاجتماعية على ان يتدرب الطالب على حسن ترتيبها في ذهنه، وأن يعرف الكلمات التي يختارها لتدل على المعاني التي يـريد إيصالها، ومعرفة أساليب الكلام فضلا عن طلاقة اللسان في

نطق الألفاظ وأداء العبارات.

وتتجلى أخيرا أهمية هذا النوع من التعبير في أنه أداة الاتصال السريع بين الفرد وغيره، والنجاح فيه يحقق الأغراض الحيوية المطلوبة. إن هذا التعبير يعاني أكثر ما يعانيه على الصعيد المدرسي هو غلبة العامية ومزاحمتها للغة الفصحى.

مهارات التعبير الشفهي (الكلام أو الحديث):

إن هذا النوع من التعبير يسعى إلى تنمية المهارات الآتية:

‑ ترتيب الأفكار وتواصلها في الحديث.

‑ التركيز على الجوانب المهمة في الموضوع.

‑ المهارة في حسن صوغ البدء وحسن صوغ الختام.

‑ صياغة العبارة وعرض الفكرة في ضوء مستوى السامعين.

‑ استخدام المنهج الملائم المنطقي في عرض المقدمات واستخلاص النتائج.

‑ القدرة على التماس أفضل الدلالة واختيار الأمثلة وانتقاء الشواهد لتأكيد رأي أو دعم وجهة نظر.

‑ القدرة على تقديم الصيغ المناسبة لتحقيق الإقناع والإمتاع.

‑ تمكن المتعلم في انطلاق من مخاطبة جمهور من الناس في موضوع عايشه واهتم به.

‑ القدرة على المشاركة في حوار حول موضوع يهم المتعلم أو يهم مجتمعه.

‑ المهارة في إبداء الملاحظات حول خبر منشور أو حديث مذاع.

‑ تمكن المتعلم من إدارة ندوة أو قيادة حوار في موضوع يهمه أو يهم مجتمعه في لباقة وحسن تصرف.

‑ القدرة على التعقيب السليم على أي متحدث أو معلق.

‑ تحديد أهم جوانب الموضوع الذي يطرحه متحدث أو معلق بأبعاده ومطالبه.

‑ القدرة على الإلمام بنتائج الحوار وتقديمه ملخصا بعبارة واضحة محددة.

− القدرة على الإجابة المركزة عن تساؤلات المستمعين.

− القدرة على الاستجابة لمشاعر السامعين.

− تحديد الخطأ الواضع في أثناء حديث غيره لغة وتركيبا وعلاقة لفظ بآخر[5].

2- التعبير التحريري (الكتابي)

التعبير التحريري هو ما يدونه الطلبة في دفاتر التعبير من موضوعات وهو يأتي كما قلنا بعد التعبير الشفهي.ويبدأ في تعلمه عادة في الصف الرابع الابتدائي عندما يكون التلميذ قد اشتد عوده، وتكاملت مهاراته اليدوية في الإمساك بالقلم، والتعبير عما في نفسه. ويأتي انتقال التلميذ في التعبير التحريري بتدرج. فهو قد يبدأ بإكمال جمل ناقصة، أو تدوين أفكار ألفها في أناشيد أو تكملة قصة سبق ان سردت عليه أو تأليف قصة من خياله.

والتعبير التحريري في المرحلتين المتوسطة والإعدادية يأخذ شكل كتابة موضوعات محددة يختارها الطالب أو المدرس، ومع ذلك يستطيع المدرس أن يجمع بين التعبيرين الشفهي والتحريري في درس واحد. فقد يناقش الموضوع المختار بطريقة شفهية ثم يطلب المدرس من طلابه كتابة هذا الموضوع فيما بعد.

ولا تقل أهمية التعبير التحريري عن أهمية التعبير الشفهي، بل إن التعبير التحريري من أكثر هموم مدرسي اللغة العربية، فإنهم يعانون كثيرا في تعليم طلابهم الكتابة الصحيحة الواضحة بأسلوب صحيح، يكشف عن المعاني المقصودة وهنا يكمن الفرق الجوهري بين التعبيرين الشفهي والتحريري، ففي الحديث يمكن أن يعدل المتحدث أفكاره ومراميه مباشرة أمام السامعين، أما في الكتابة فإنه لا يمكن أن يُفهم الكاتب كل قارئ لكتاباته منفرداً، ومن هنا كان لزاما على الطالب ان يتوخى الدقة والوضوح، وحسن العرض والترتيب ليأتي موضوعه متكاملا.

إن مجالات التعبير التحريري كثيرة، بعضها يجده الطالب في المدرسة، وبعضا

---

(5) من قضايا تعليم اللغة العربية (رؤية جديدة) د.نعمه رحيم العزاوي ص 81-82.

تزخر به الحياة، وتزدحم فيها أذهان الطلاب. ومن هذه المجالات كتابة الرسائل، وكتابة المذكرات والتقارير وكتابة الملخصات، وشرح بعض الأبيات الشعرية ونثرها وإعداد الكلمات، وكتابة محاضر الجلسات والاجتماعات، وتحويل القصة إلى حوار تمثيلي، والإجابة عن أسئلة الامتحانات.

وكما قلنا فإن التعبير إما أن يكون وظيفيا أو إبداعيا فالتعبير الوظيفي هو التعبير الذي تتطلبه مواقف الحياة العلمية، وهو النوع الذي يمارس فيه الإنسان هذا النوع من التعبير في إعداد رسائل المناسبات المختلفة، واعداد طلبات للدوائر أو غيرها، وإعداد تقارير عن مهمات وظيفية، والمحادثة، والمناقشة، والخطابة، وإعطاء التعليمات، والتعليق، وكتابة الإعلانات...الخ.

إن للمدرس دوره في تعليم التعبير الوظيفي إذ ينبغي أن يتدرب الطلبة في المرحلة الإعدادية خاصة على كتابة الموضوعات ذات العلاقة المباشرة بالمجتمع، لأننا نجد أكثر الخريجين عاجزين عن كتابة شكوى إلى جهة إدارية أو تقرير عن موضوع يبحث فيه، أو برقية في أمر عاجل.

أما التعبير الإبداعي فيتم التعبير فيه عن العواطف، والخلجات النفسية، والاحساسات المختلفة بأسلوب بليغ، ونسق جميل ينقل السامع أو القارئ إلى المشاركة الوجدانية للمؤلف، ومن هنا يسميه البعض التعبير الأدبي أو (التعبير الذاتي).

ولكي يكون التعبير إبداعيا فإن العبارات تنتقى فيه انتقاء، وتختار فيه الكلمات اختياراً ويكون حافلا بالمحسنات اللفظية والصور الخيالية.

ويشمل التعبير الإبداعي على فنون أدبية منها القصة أو المقالة أو اليوميات أو التراجم أو الشعر، ويظل الشعر تعبيرا إبداعيا متميزا، فالشعر العربي مثلا غنائي ذاتي يعبر فيه الشاعر عن مشاعره وأحاسيسه وعواطفه فرحا كان أم حزينا. ومن هنا كان يجب أن يشتمل التعبير الإبداعي على عنصرين أساسيين هما: الأصالة الفنية، والتعبير الذاتي عن المشاعر، وتتجلى أهمية التعبير الإبداعي على الصعيد المدرسي في نمو شخصيات الطلبة وتكاملها، فالطلبة في المرحلة المتوسطة والإعدادية خاصة أحوج ما يكونون للتعبير عن عواطفهم ومشاعرهم، وهو من أحب الدروس إلى أصحاب المواهب

الأدبية من الطلبة.

ويقف المدرس في التعبير الإبداعي على تنمية الخيال، ومساعدة طلابه على الابتكار والإبداع، وحثهم على تدوين خواطرهم ومشاعرهم واحساساتهم متمثلة بسمو العبارة، وارتفاع الأداء، لأنهم والحالة هذه يكتشفون أنفسهم ويسجلون مشاعرهم الشخصية بصدق ويتشجعون على الإنتاج الجيد، ويستطيعون عرض موضوعاتهم بجرأة، ويناقشونها بحرية وإبداع.

مهارات التعبير التحريري (الكتابة)

إن هذا النوع من التعبير يسعى إلى تنمية المهارات الآتية:

- قدرة المتعلم على وضع خطة لما يكتب موضحا فيها هدفه وأسلوب تحقيقه.
- قدرة المتعلم على تحديد أفكاره واستقصاء جوانبها ومراعاة ترتيبها وتكاملها.
- المهارة في إخضاع منهج تعبيره لمطالب الموقف وغايته.
- قدرة المتعلم على نقل صورة واضحة عن أفكاره في أية مناسبة تأثر بها.
- مراعاة المنطقية فيما يكتب تسلسلا وتتابعا ودقة في التنظيم والتصنيف.
- القدرة على إيراد بعض عناصر الإقناع في التعبير تأييدا لرأي ودعما لوجهة نظر.
- القدرة على استحضار الأمثلة والشواهد المناسبة للموضوع ووضعها في الموطن الملائم من التعبير.
- المهارة في استخدام الإيجاز مع الوفاء والوضوح والإطناب مع الاستقصاء والشمول في المواقف المناسبة.
- القدرة على الكتابة إلى كل فئة بما يناسبها فكرا ولغة وأسلوباً.
- قدرة المتعلم على تقويم ما يكتبه ببيان ما يبدو فيه من ثغرات وطرق معالجتها.

– القدرة على الكتابة السليمة رسما وتركيبا للجملة وبناء للعبارة.

– الدقة في استخدام علامات الترقيم.

– تمكن المتعلم من الكتابة فيما يهمه مستعينا ببعض المراجع.

– تمكن المتعلم من كتابة رسالة وظيفية في شأن من شؤون الحياة اليومية يبسط فيه مراده ويدعمه بما يؤيده.

– تمكن المتعلم من وصف ظاهرة أو حادثة أو مشهد وصفا شاملا.

– قدرة المتعلم على كتابة تقرير عن زيارة أو رحلة أو عمل كلف القيام به.

– القدرة على الكتابة في المناسبات الاجتماعية والوطنية والقومية والإنسانية.

– قدرة المتعلم على كتابة تعليق على ندوة حضرها أو محاضرة استمع إليها أو برنامج شاهده في وفاء ونظام.

– تمكن المتعلم من تحليل مشكلة اجتماعية بعرض ابعادها أو استقصاء أسبابها وآثارها.

– تمكن المتعلم من تسجيل خلاصة لموضوع قرأه أو استمع إليه مع الحفاظ على أهم أفكاره وخصائصه.

– القدرة على تلخيص موضوع ما مع الحرص على الهدف، ودقة المعنى، والإحاطة بالعناصر الأساسية[6].

أهداف تدريس التعبير

– إكساب المتعلمين القدرة على التعبير عن المعاني والأفكار بألفاظ فصحية وتراكيب سليمة.

– إكساب المتعلمين القدرة على سلسلة الأفكار وبناء بعضها على بعض في جمل مترابطة ترابطا منطقيا.

---

(6) من قضايا تعليم اللغة العربية (رؤية جديدة) د.نعمه رحيم العزاوي ص 81-82.

– تزويد المتعلمين بالثروة اللغوية التي تساعدهم على التعبير الواضح السليم.

– تدريب المتعلمين على مجاوزة التعبير المباشر إلى التعبير الفني المجازي ولا سيما الموهوبين منهم.

– إكساب المتعلمين القدرة على توخي المعاني الجديدة والأفكار الطريفة.

– تعويد المتعلمين الصراحة، والجهر بالرأي أمام الآخرين، وإكسابهم الجرأة وحسن الأداء وآداب الحديث.

– تنمية روح النقد والتحليل لدى المتعلمين وتعويدهم حسن الملاحظة ودقتها وتشجيعهم على المناقشة.

خطوات تدريس التعبير

خطوات تدريس التعبير الشفهي

1- **المقدمة أو التمهيد واختيار الموضوع:** يشرح المدرس المطلوب عمله في هذا الدرس، ويجب عليه ان يساعد طلبته بأن يذكر لهم بعض الميادين التي يختارون منها الموضوعات، أو هو الذي يختار موضوعا معينا يميل أكثر الطلبة إلى التحدث فيه أو مناقشته.

2- **عرض الموضوع:** يعرض الموضوع على السبورة مع عناصره الأساسية ولا ضير أن يوضح المدرس هذه العناصر شريطة أن تكون طريقة العرض تلائمه من حيث الفكرة واللغة ويتجنب فيها المدرس الأفكار الفلسفية والأخيلة البعيدة.

3- **حديث الطلبة:** بعد أن يأخذ أكثر الطلبة فكرة واضحة عن الموضوع تأتي المرحلة الأساسية من التعبير الشفهي وهي حديث الطلبة عن الموضوع المختار وقد يلجأ المدرس إلى توجيه بعض الأسئلة إلى الطالب الذي يروم التحدث كي يدله على الطريقة الصحيحة والتعبير.

إن المدرس الناجح هو المدرس الذي تظهر مهارته ولباقته وحسن تأيته وبخاصة فيما يتعلق بتنويع الإجابة عن اسئلة، أو إجابته عن سؤال معين بإجابات أو بعبارات مختلفة.

إن نقد المدرس المتحدث أو نقد زملائه له نقدا يتناول الفكرة واللغة سوف يرسم الطريق السوي للطلبة الذين سوف يتحدثون بعد ذلك ليكون كلامهم أكثر سداداً.

إن هذه المرحلة تتطلب أن يكون موقف المدرس فيها إيجابيا فلا يستأثر بالكلام على حسابهم، أو بالعكس يلقي عليهم كل العبء فيكون موقفه سلبيا يؤدي إلى أن يشعر الطالب بأنه يقوم بعمل تافه ومبتور. وهذا بلا شك يؤدي إلى ضياع رسالة التعبير الشفهي.

خطوات تدريس التعبير التحريري (الكتابي)

1- **التمهيد أو المقدمة واختيار الموضوع:** يمهد المدرس بما يشوق الطلبة إلى الدرس ويُهيئ أذهانهم له، أما اختيار الموضوع فيتم بالطريقة نفسها التي ذكرت في اختيار موضوع التعبير الشفهي.

2- **عرض الموضوع:** يعرض المدرس الموضوع المختار سواء أكان مختارا من المدرس أم مختارا من الطلبة على السبورة مع عناصره الأساسية، وينبغي للمدرس هنا ان ينبه إلى ضرورة العناية بالفكرة من حيث تسلسلها وترابط أجزائها وتدرجها، وكذلك توضيح خطوات الموضوع، والتزام الترابط المنطقي والانسجام التام بين العبارات من غير اضطراب ولا تناقض ولا حشو ولا تكرار، وبعبارة أخرى يؤكد المدرس أن تكون جمل الطالب مناسبة تحتوي المعنى المطلوب فلا تكون هي موجزة لا توضح الفكرة ولا مسهبة تؤدي إلى تشتيت الفكرة وفقدانها لجمالها وينبغي للمدرس ان يركز على ضرورة إفصاح الطالب عن رأيه الشخصي وأن يتجنب الطالب قدر الإمكان الأخطاء النحوية واللغوية والإملائية.

3- **كتابة الموضوع:** وهي الخطوة الأساسية من خطوات التعبير التحريري إذ

يدون الطالب معلوماته وتصوراته حول الموضوع في دفتر التعبير.

إن التعبير التحريري إما أن ينجز داخل الصف وتجمع الدفاتر لتصحيحها، أو ان يكتب في البيت وذلك في الواقع يتوقف على نوعية الموضوع المختار، وعلى هدف المدرس من اختياره.

إن الطريقة المثلى لتدريس التعبير تأخذ بعدها السليم عندما يناقش المدرس طلبته في موضوعاتهم، وعندما يتحول درس التعبير القادم إلى حوار حر ومفتوح وبخاصة المرحلة الإعدادية إذ يشارك الطلبة جميعهم كل يبدي رأيه وموقفه... وبالتالي تكون الحصيلة طلبة لديهم القدرة على المناقشة والتحليل والنقد وتبني المواقف، والتحدث بصراحة وموضوعية وهكذا يكون الهدف الحقيقي من درس التعبير.

ومع هذا فالتعبير التحريري لا يخلو من ملاحظات فيما يتعلق بكتابته في الصف أو في البيت، فالتعبير الصفي يعطي المدرس مؤشرا واضحا عن إمكانية طلبته في الكتابة، وأنه ينحصر ذهن الطالب وقابلياته الكتابية في ذلك الموضوع، ولكن قد لا يستطيع بعض الطلبة انجاز الموضوع في الصف.

أما التعبير البيتي فإنه يعطي فرصة كافية للطالب للتأمل والتخيل واختيار العبارات والجمل المناسبة فتأتي الفكرة واضحة والأسلوب منسجما معها، ولكن قد يعتمد بعض الطلبة على غيرهم في كتابة الموضوع فتضيع إذ ذاك الفائدة المرجوة من التعبير التحريري.

خطة في تدريس التعبير الشفهي والتحريري

اليوم_____ الموضوع_____ الصف أو الشعبة__________

التاريخ_____ الحصة________

الهدف العام: الإحاطة بالفهم السليم للحياة وفصاحة الأسلوب في التعبير وحسن الاستشهاد بالنصوص، والتدرج في عرض الفكرة ابتداء بالمقدمة وانتهاء بالخاتمة، وإرهاف الحس بالجمال الفني وإنما الثروة النفطية.

الهدف الخاص: يؤخذ من نوع التعبير الشفهي والتحريري والموضوع المعني.

خطوات الدرس:

التعبير الشفهي

1- المقدمة أو التمهيد واختيار الموضوع.
2- عرض الموضوع.
3- حديث الطلبة.

التعبير التحريري (الكتابي):

1- المقدمة أو التمهيد واختيار الموضوع.
2- عرض الموضوع.
3- كتابة الموضوع.

درس نموذجي في تدريس التعبير الشفهي لطلبة للصف الثالث المتوسط

| اليوم _____ | الموضوع: بلادي | الصف والشعبة: الثالث المتوسط (أ) |
| التاريخ _____ | | الحصة الثانية |

الهدف العام: ثابت في جميع الخطط.

الهدف الخاص:

1- اقدار الطلبة على التعبير الفصيح الدقيق عن موضوع معين.
2- تمكن الطلبة من الصراحة والجرأة وحسن الأداء وآداب الحديث.
3- تعويد الطلبة حسن الملاحظة ودقتها وتشجيعهم على المناقشة وهذه الأهداف ثابتة في كل تعبير شفهي.

أما الهدف الخاص من موضوع (بلادي) فيتضمن:

1- تزويد الطلبة بالقيم والمفاهيم التي تعزز حبهم لبلادهم وأمتهم.
2- تعزيز قيم البطولة والتضحية والعطاء.
3- إرهاف الحس في تصوير مباهج الوطن والتمتع بجماله.

4- تعريف الطلبة بتراث أمتهم المجيدة وكيفية المحافظة عليه وتعزيزه.

خطوات الدرس:

1- **المقدمة أو التمهيد واختيار الموضوع:** يمكن ان يمهد المدرس للتعبير الشفهي وذلك بمحاولة اختيار موضوع معين، ومن المعلوم أن الموضوع يختار من الطلبة أنفسهم أو من المدرس أو من خلال التعاون بين المدرس وطلبته (ونفترض أن الموضوع الذي تم اختياره هو موضوع (بلادي) ويستطيع المدرس أن يقدم لهذا الموضوع بالقول: أنا وانتم وكل كائن في هذه الدنيا ينتمي إلى وطن هيأ له أسباب العيش، وبلد آمن يعيش له ومن أجله، وبلادنا أرض كريمة معطاءة تقدم لنا الكثير الذي لا نستطيع حصره.

2- **عرض ومناقشة أفكار الموضوع:** بعد المقدمة ننتقل مع الطلاب في صياغة الأفكار الكلية والجزئية للموضوع، ونحاول مشاركة الطلاب في تلك الأفكار وتسجيلها على سبورة الفصل وتتمثل هذه الأفكار في الآتي:

أ- لماذا أحب بلادي؟

طالب: أحبها لأني على أرضها ولدت وترعرعت وقد امتلكت شعوري.

طالب آخر: لأنها موئل العطاء ومكمن الأمان والاطمئنان.

وطالب آخر: فهي عنوان للمحبة والسلام.

المدرس: هل هذا يكفي للدلالة على حب البلاد.

طالب: بل هناك الكثير للتأكيد على حبنا لبلادنا فهي أعز علينا من نفوسنا، نفديها بكل غال وثمين، ولا نبخل في الدفاع عن ترابها والذود عن حياضها.

طالب آخر: أحبها أرضا تزخر بالعطاء، وسماء تمطر أملا وحياة، وبستانا يفيض خيرا، وجداول تتهادى عبر حقول القمح الواسعة.

طالب آخر: الحب ليس حكرا لي ولك، بل كل شيء يحب بلادي، طيرها الشادي يغني من أجلها ونخليها الباسق العاشق يذوب حلاوة وطراوة وزرعها الأخضر يفرش الأرض ويطرزها بخيوط الشمس الذهبية، فكل شيء يرق من أجل بلادي.

طالب آخر: أنني أتذكر قول الشاعر:

بلادي هواها في لساني وفي دمي   يمجدها قلبي ويدعو لها فمي

ب- بلادي هي أمي الحقيقية....

المدرس: كم أنا سعيد بأمي وهي تبتسم، وكم أشعر بالتعاسة والحزن عندما أرى دمعة في عينيها....وكيف لك أن تحب أمك الحقيقة؟

طالب: امي الحقيقة هي بلادي... فأمي وأبي وأنا بلا أم حقيقية لا نساوي شيئاً.

طالب آخر: امي الحقيقية بلادي، رضعت هواها في طفولتي وأشربت حبها منذ نعومة أظفاري، كلفت بها فكانت لوعتي ثم شفني سقامي في يفاعتي وكان حبها اللاعج عفافا، وكان طهرا، لقد وهبتها سعادتي وجعلتني فداها، فهل يا ترى تحبني هي الأخرى بعطفها، وتستبقي ودي لديها؟ ولئن لم تفعل فأنا بها سعيد وعنها راضٍ إذ هي واحد ليس أكثر.

طالب آخر: وهذا يذكرني بقول الشاعر:

بلادي وإن جارت علي عزيزة   وقومي وإن شحوا علي كرام

ج- وصف لابد منه...

المدرس: وصف بعض زملائكم بلاده عندما قال أحبها أرضا تزخر بالعطاء وسماء تمطر أملا وحياة... إلى آخر العبارة... فهل منكم من يعطي وصفا أروع مما قيل؟

طالب: يتجسد سحر بلادي في لياليها الحالمة في أسفار السحر، وفي جداولها العذبة الهادئة الوديعة وفي عيونها الفياضة المتدفقة، وفي صوت الموسيقى المنبعثة من حفيف الأغصان، وزفيف الرياح وخرير المياه.

طالب آخر: أنني أتذكر قول الشاعر:

هي عيشي وسروري والهناء   هي روحي وحياتي والبقاء

د- اين تكمن السعادة الحقيقية؟

المدرس: أني لسعيد حقا، سعيد وأنا فرح فوق أرضها الخصبة الناعمة وتحت شمسها المشرقة الضاحكة، سعيد وأنا أطرق إجلالا لذلك الصوت السماوي الذي

تشدو به أطيارها شدوا شجي النغم، حلو الرنين.

طالب: إنني لسعيد إذ أقيم مع أصدقائي عرسا في رقة النسيم، نتجول في ربوعها فنقف أمام جبالها الشم في رهبة وإجلال، نتمثل فيها رمز الخلود، ونقرأ آيات من أخبار أجدادنا العظام.

طالب آخر: على ذكر أجدادنا العظام... تترقرق الآن في عيني دمعة حرى تحاول السقوط، وأنا في هذا المشهد الرهيب أما ما أبدعه أجدادنا من مجد وعنفوان، وتقاعسنا عن حفظ تراثهم وتهاوننا فيما ائتمنونا عليه وخلفوه وديعه في أيدينا.

طالب آخر: لقد ملك أجدادنا الأرض والسماء وأشاعوا فيها العدل والحب والوئام.

المدرس: إن أمة عظيمة كأمتنا، وبلادا أصيلة كبلادنا رفضت الخنوع والذل والتقاعس والتهاون لقادرة على أن تتجاوز محنتها، وتستيقظ من سباتها فتبعث في تراث أجدادنا الروح والحياة، وتزيد عليه عنفوانا وشبابا.

هـ- أتمنى أن....

المدرس: أتمنى أن أموت فداء لبلادي، فأنا أهوى فيها المنايا فإنما مجد الشعب تبنيه الضحايا.

طالب: إن عطفها علي وبرها بي هو أن تفسح المجال لي صدرها الرحيب وتضمني إلى أحضانها في ساحة الشرف.

طالب آخر: عند ذاك أكون سعيدا حقا، وتكون آخر كلمة لي (لتحيا بلادي عزيزة كريمة، ولتهن الأرواح كل الأرواح دونها)(*).

درس نموذجي في تدريس التعبير التحريري (الكتابي) للصف الثالث المتوسط

اليوم_____ الموضوع: بلادي الصف والشعبة: الثالث المتوسط (أ)

التاريخ_____ الحصة الثانية

(*) الإنشاء مأخوذ بتصرف من كتاب تيسير الإنشاء خليل الهنداوي.

الهدف العام: ثابت في جميع الخطط.

الهدف الخاص:

1- إقدار الطلبة على التعبير التحريري.

2- إكساب المتعلم القدرة على التعبير عن المعاني والأفكار بألفاظ فصيحة وتراكيب سليمة.

3- إكسابه القدرة على سلسلة الأفكار وبناء بعضها على بعض بجمل مترابطة ترابطا منطقيا وهذه الأهداف ثابتة في كل تعبير تحريري.

أما الهدف الخاص في موضوع (بلادي) فيتضمن الأهداف نفسها التي ذكرت في الدرس النموذجي للتعبير الشفهي.

خطوات الدرس:

1- المقدمة أو التمهيد واختيار الموضوع: يمكن ان يمهد المدرس لموضوع (بلادي) بالطريقة نفسها التي ذكرت بالتعبير الشفهي.

2- عرض الموضوع: يعرض المدرس موضوع بلادي على السبورة مع عناصره الأساسية وهي العناصر نفسها التي ذكرت في التعبير الشفهي.

3- كتابة الموضوع: من المعلوم أن الطلبة في التعبير التحريري يكتبون الموضوع المختار في الصف، وقد يكتمل الموضوع في البيت. ولنفترض أن أحد الطلبة كتب موضوع بلادي على الشكل الآتي:

أ- إن الحديث عن بلادي طويل ذو شجون، يثير فينا ذكريات عبر سني عمرنا المتواضع. لقد امتلكت بلادي علي شعوري، بلغ حبها منى السويداء، أحبها كلمة طاهرة بريئة، أحبها أي أقدسها بل أمجدها، إنها مطاف آمالي ... إنني أحبها وأهيم بها هيام العاشقين، أحبها أرضا تزخر بالعطاء وسماء تمطر أملا وحياة، وبستانا يفيض خيرا، وجداول تتهادى عبر حقول القمح الواسعة. إن الحب ليس حكرا لي ولك، بل كل شيء يحب بلادي،

طيرها وزرعها الأخضر يفرض الأرض ويطرزها بخيوط الشمس الذهبية فهما معا يرقصان من أجل بلادي.

بلادي هواها في لساني وفي دمي يمجدها قلبي ويدعو لها فمي

ب- كم أنا سعيد بأمي وهي تبتسم، وكم أشعر بالتعاسة والحزن عندما أرى دمعة في عينيها، فبلادي أمي الحقيقية، فأمي وأبي وأنا بلا أم حقيقية لا نساوي شيئا، لقد رضعت هواها في طفولتي، وأشربت حبها منذ نعومة أظفاري، كلفت فكانت لوعتي، ثم شفني سقامي في يفاعتي، وكان حبها اللاعج عفافا، وكان طهرا، لقد وهبتها سعادتي وجعلتني فداها، فهل يا ترى تحبني هي الأخرى بعطفها؟ وتستبقي ودي لديها؟ ولئن لم تفعل فأنا بها سعيد وعنها راضٍ إذ هي واحدة ليس أكثر.

بلادي وإن جارت علي عزيزة وقومي وإن شحوا علي كرام

ج- يتجسد سحر بلادي في لياليها الحالمة في أسفار وسحر، وفي جداولها العذبة الهادئة الوديعة، وفي عيونها الفياضة المتدفقة، وفي صوت الموسيقى المنبعثة من حفيف الأغصان، وزفيف الرياح وخرير المياه.

هي عيشي وسروري والهناء هي روحي وحياتي والبقاء

د- إني لسعيد حقا، سعيد وأنا أمرح فوق أرضها الخصبة الناعمة وتحت شمسها المشرقة الضاحكة، سعيد وأنا أطرق إجلالا لذلك الصوت السماوي الذي تشدو به أطيارها شدوا شجي النغم، حلو الرنين. إنني لسعيد إذ أقيم مع أصدقائي عرسا في رقة النسيم، نتجول في ربوعها فنقف أمام جبالها الشم في رهبة وإجلال، نتمثل فيها رمز الخلود، ونقرأ آيات من أخبار أجدادنا العظام. تترقرق الآن في عيني دمعة حرى تحاول السقوط، وأنا في هذا المشهد الرهيب أمام ما أبدعه أجدادنا من مجد وعنفوان، وتقاعسنا عن حفظ تراثهم وتهاوننا فيما

ائتمنونا عليه وخلفوه وديعه في أيدينا. لقد ملك أجدادنا الأرض والسماء وأشاعوا فيها العدل والحب والوئام. إن أمتنا العظيمة، وإن بلادنا لأصيلة لقد رفضت أمتنا الخنوع والذل والتقاعس والتهاون وأمة كهذه لقادرة على أن تتجاوز محنتها، وتستيقظ من سباتها فتبعث في تراث أجدادنا الروح والحياة، وتزيد عليه عنفوانا وشبابا.

هـ- إنني أتمنى أن أموت فداء لبلادي، فأنا أهوى فيها المنايا فإنما مجد الشعب تبنيه الضحايا. إن عطفها علي وبرها بي هو أن تفسح المجال لي صدرها الرحيب وتضمني إلى أحضانها في ساحة الشرف. عند ذلك أكون سعيدا حقا، وتكون آخر كلمة لي (لتحيا بلادي عزيزة كريمة، ولتهن الأرواح كل الأرواح دونها).

التنظيم السبوري للتعبير التحريري والشفهي

اليوم_____	الموضوع: بلادي	الصف والشعبة الثالث (أ)
التاريخ_____		الحصة الثانية

<u>بـــــــلادي</u>

عناصر الموضوع:

1- لماذا أحب بلادي؟
2- بلادي هي أمي الحقيقية....
3- وصف لابد منه......
4- أين تكمن السعادة الحقيقية؟
5- أتمنى أن.......

مناقشة نموذجية لموضوع في التعبير التحريري

ذكرنا أن التعبير التحريري لابد ان يخضع للمناقشة والحوار الحريين بالطالب الذي يقرأ الموضوع، وبين زملائه بأشراف مدرسهم، فالطالب الذي كتب موضوع

(بلادي) بالشكل المذكور سابقا، يناقش ويحاور من زملائه ومدرسه شريطة أن يعرف المناقشون مسبقا أنهم يركزون في مناقشتهم على ثلاثة أبعاد مهمة هي: الفكرة والأسلوب واللغة. لنفترض أن الحوار سوف يدور على الوجه الآتي:

المدرس: ما رأيكم بالأفكار التي عالجها زميلكم في موضوعه؟

طالب: الأفكار جيدة وواضحة ومترابطة.

المدرس: من يضيف على ما قاله زميلكم؟

طالب: لقد جاء الموضوع وفق العناصر المحددة وبحسب تسلسلها.

طالب آخر: لقد أعطى فكرة واضحة عن موضوع (بلادي) إذ جسده تجسيدا رائعا وبخاصة لوعته وتعلقه ببلاده وتضحيته لها.

المدرس: نعم لقد وفق زميلكم في موضوعه، إذ عالج الأفكار معالجة صحيحة، وجاءت أفكاره متسلسلة وواضحة ومفهومه.

المدرس: ما رأيكم في أسلوب زميلكم؟

طالب: لقد استخدم زميلنا أسلوبا أدبيا محببا إلى النفوس فقد جلب انتباهنا وشد مسامعنا وجلب رغبتنا لأن نصغي إليه، ونتلهف لسماع عباراته.

طالب آخر: أحسن زميلي الاستشهاد بالأبيات الشعرية فقد عزز الشعر أسلوبه وأضاف إلى أفكاره فتوضحت المعاني التي عالجها.

طالب آخر: تمكن زميلنا بأسلوبه أن يحول الصور الثابتة الجامدة إلى صور متحركة إذ بعث فيها الحياة فجعلها ناطقة، وقد زادها حسنا بتشبيهاته الرائعة.

المدرس: نعم لقد كان زميلكم ذا أسلوب أخاذ في التصوير والتشبيه، واستخدام اللفظة المعبرة عن المعنى، إذ استطاعت ألفاظه توضيح المعنى فحاكت النفوس مثلما في الاستشهاد وحسن الاختيار.

المدرس: ظهر أن زميلكم بارع في معالجة الأفكار بأسلوب واضح.... فهل جاءت لغته بالمستوى نفسه من حيث تجنبه للأخطاء اللغوية والنحوية إذ ان الأخطاء مثلما تعرفون تشوه المعنى وتربك الاسلوب؟

طالب: لقد كانت لغة زميلنا صحيحة، وعلى ما يبدو أنه مستفيد كثيرا من دروس القواعد عندما كتب هذا الموضوع فقد جنبه التزامه بالقواعد الكثيرة من الأخطاء النحوية واللغوية.

طالب آخر: نحن نعرف أن اللغة هي دالة الفكر، ومن هنا فقد وفق زميلي لأن يوظف لغته في معالجة الأفكار المطروحة إذ جاءت لغته سليمة وأفكاره واضحة.

طالب آخر: لقد ظهر من موضوع زميلي أنه خلو من الأخطاء سواء أكانت تلك الأخطاء فكرية ام أسلوبية ام لغوية.... فهل من المعقول أن موضوعا يعالج بالطريقة التي اطلعنا عليها يكون دقيقا إلى هذا الحد.

المدرس: نعم إن الطالب إذا وضع نصب عينيه القواعد الأساسية للغة، وعرض وظيفة اللغة، واستطاع ان يسلسل أفكاره يسانده في ذلك اسلوب متميز زيادة على ثقافته المتأتية من مطالعاته الخارجية والاستخدام الصحيح لكتب اللغة والأدب والتاريخ والعلوم الأخرى فإنه سيكون قادرا بلا شك على كتابة الموضوع الذي ترونه الآن.

انتهت المناقشة....

افترضنا أن الموضوع الذي ناقشناه هو من الموضوعات الإيجابية من حيث دقة الأسلوب وسلامة الأفكار وصحة اللغة... ولكن هناك موضوعات يكتبها الطلبة لا تخلو من أخطاء سواء أكانت تلك الأخطاء لغوية ام فكرية ام اسلوبية، مثل هذه الموضوعات يأخذ النقاش حولها والتعليق عليها وتحليلها ونقدها مسارات واتجاهات قد تختلف عما ذكر في هذه المناقشة وبهذه الطريقة من المناقشة الجادة يمكن أن نقول باطمئنان ان التعبير التحريري قد حقق الأهداف المرجوة منه.

تصحيح التعبير

يعد تصحيح موضوعات التعبير من المشكلات الرئيسية التي تواجه مدرسي اللغة العربية، وبخاصة في الصفوف المتقدمة من الدراسة الإعدادية، وذلك لما يتطلبه هذه العمل الذي غالبا ما يكون عملا مرهقا للمدرس بسبب كثرة أخطاء الطلبة سواء أكان ذلك في اللغة ام في الأسلوب، ومن هنا قد يجد المدرس نفسه عاجزا عن التعامل

مع مشكلة التصحيح هذه، فهو إما أن يلجأ إلى التصحيح الشكلي أو أن يهمل عملية التصحيح إهمالا تاما، وفي كلتا الحالتين يكون المدرس قد جنى على الطالب، وبالتالي جنى على درس التعبير، وذلك الدرس الحيوي الذي هو غاية اللغة التعبيرية.

إن تصحيح موضوعات التعبير يتطلب أولا وقبل كل شيء الإشراف المباشر من المدرس على عمل الطال للأخذ بيده وتخليصه من أخطائه، علما أن هذه الأخطاء لا يستطيع المدرس القضاء عليها دفعة واحدة، وإنما يعمل على التقليل منها تدريجيا، وهذا يعني أن الغاية من التصحيح هي الطالب نفسه وليس الموضوع، فالطالب كاتب والموضوع مكتوب، والإصلاح الفعال لا يكون في المكتوب وإهمال الكاتب، أي ان المدرس الناجح ليس هو المدرس كثير التصحيح لموضوعات طلابه بل هو الذي يكون أكثر تحسينا لأساليب تدريسه. إن تصحيح التعبير الشفهي ذو قيمة تربوية كبيرة، فقد قيل (لا خير في إصلاح لا يدرك التلميذ أساسه، ولا في صواب لا يكتبه التلميذ بنفسه) والمدرسون أمام هذه التصحيح ينقسمون على ثلاثة أقسام، قسم يفضل التصحيح المباشر بمقاطعة الطالب المتحدث وتصويب الخطأ فور وقوعه، وهو يقولون هنا أن هذه الطريقة في التصحيح تمنع تكرار الخطأ ولا تعطيه الفرصة ليثبت في ذهن الطالب المتحدث أو المستمع. وقسم يفضل الانتظار حتى ينتهي الطالب من حديثه ثم يصحح المعلم أخطاء الطالب بعد ذلك، ويرى أصحاب هذه الطريقة أن مقاطعة المتحدث من المدرس أو من زملاء المتحدث لن تتيح الفرصة الكافية للطالب في الحديث والانطلاق في الكلام، واكتساب القدرة على القول من غير تلعثم أو خوف.

وقسم ثالث فضل أن يشارك الطلبة في تصحيح أخطاء زميلهم وذلك بمناقشته بعد فراغه من الحديث فإذا ما عجز زملاؤه عن التصحيح صحح المدرس بنفسه، ويبرر أصحاب هذه الرأي طريقتهم بقولهم (إن تصويب الطلاب لبعضهم أكثر إقناعا وثباتا في الذهن، كما أنه أسلوب سهل ومباشر ويعطي فرصة مناسبة لكي يشارك جميع الطلبة في المناقشة). أما تصحيح التعبير التحريري (الكتابي) فلا يقل أهمية عن تصحيح التعبير الشفهي بل هو أوسع منه، وأكثر تعقيداً وهناك أربعة أساليب يمكن اعتمادها في تصحيح دفاتر التعبير التحريري:

فالأسلوب الأول هو السائد في تصحيح التعبير التحريري، ويقوم على وضع خط تحت الكلمة المخطوءة، ويرمز لها برمز متفق عليه مع الطلبة من البداية، ويرى أصحاب هذا الأسلوب أنه أسلوب تربوي جيد يجعل الطالب يفكر في أسباب الخطأ، وكيفية الخلاص وأن سبب ظهور هذه الأسلوب في التصحيح هو أن الطالب سابقا كان ينقل الصواب الذي يكتبه المدرس نقلا مجردا، دونما تفكير في تحري أسباب الخطأ.

أما الأسلوب الثاني: فيقوم على وضع الصحيح فوق الخطأ وهذا الأسلوب شائع في المرحلة الابتدائية خاصة، وأنه على الرغم من كونه أسلوبا مجهدا للمعلم فهو من أحسن طرائق التصحيح في هذه المرحلة.

ويجمع الأسلوب الثالث بين الأسلوبين السابقين أي طريقة الرمز وطريقة الصحيح فوق الخطأ إذ أن هناك أخطاء يسيرة يستطيع الطالب أن يدركها بمجرد الرمز إليها ولكن هناك أخطاء يعجز الطالب عن معرفتها فيضطر المدرس إلى تصحيحها.

أما الأسلوب الرابع فيعتقد التصحيح المباشر داخل الصف،وفيه يقوم المدرس بتصحيح موضوع من انتهى من الكتابة أمامه إذ يوقفه على أخطائه ويطالبه بإصلاحها في الحال وهذه طريقة جيدة في التصحيح لأنها تعتمد الاتصال المباشر مع الطالب إذ تجعله يهتم بلغته، ويسمو بأفكاره لكنها طريقة صعبة على المدرس لكثرة الطلاب في الصف الواحد. أخيرا بقي أن نقول إن المدرس يوزع عنايته في تصحيح التعبير إلى الناحية الفكرية أو الأفكار التي عالجها الموضوع والى الناحية اللغوية وتشمل قواعد اللغة والصرف والبلاغة، والى الناحية الأدبية وهي أسلوب الأداء ومراعاة الذوق الأدبي وجمال التصوير والى الرسم الإملائي وجودة الخط والتنظيم.

الفصل السابع
البلاغـــة

- مفهوم البلاغة.
- أسس تدريس البلاغة.
- أهداف تدريس البلاغة.
- خطوات تدريس البلاغة.
- خطة في تدريس البلاغة.
- درس نموذجي في تدريس البلاغة.

مفهوم البلاغة

عرفت البلاغة بأنها مطابقة الكلام لمقتضى الحال مع فصاحة عباراته[1]. وهي أي البلاغة علم يحدد القوانين التي تحكم الأدب، وهذه القوانين هي التي ينبغي أن يتبعها الأديب في تنظيم أفكاره وترتيبها، وتقدم البلاغة المعايير التي ينبغي أن تراعى عند إخراج العمل الأدبي، وهكذا فإن علم البلاغة هو الآخر لم يعرف إلا بالوقوف على ما في الأدب من جمال.

إن القارئ – لكي يتذوق العمل الأدبي، ويشعر باحساسات الأديب وعواطفه وأفكاره التي يريد الأخير إيصالها له– يجب أن يدرك وسائل الأديب التي استخدمها في تعبيره الأدبي....وهكذا تتجلى البلاغة إذ تعتمد لمعرفة وسائل الأديب وأدواته التي سخرها لإنتاج عمله الأدبي، وهذه الوسائل تمكن القارئ من تذوق العمل الأدبي وتمييزه، والأديب يستخدم اللغة بطريقة خاصة تختلف عن استخدامات الناس العاديين لها، فهو بإمكانه جعل اللغة قادرة على التأثير والإمتاع، ولكن لا يتأتى له ذلك إلا إذا لجأ إلى البلاغة، فالتقديم والتأخير في اللغة، والإيجاز والإطناب، والحذف والإضافة والتأكيد، واعتماد الخيال واستخدام الدلالات الجديدة كلها مفاهيم يتقنها الأديب ويتلاعب بها أكثر من أي شخص آخر.

ويعد علم البلاغة من العلوم اللازمة لنقاد الأدب، فالذوق الذاتي وحده قد لا يكون كافيا لإصدار حكم ما على إنتاج أدبي معين وعليه يتحتم معرفة علوم البلاغة، والمعايير التي تحكمها.

بقي أن نعرف أن علم البلاغة أخذ مفهومه الصحيح في القرن الخامس الهجري على يد عبد القاهر الجرجاني الذي وضع قواعد وضوابط جديدة في كتابيه (دلائل الإعجاز وأسرار البلاغة) ويعد عبد القاهر واضعا لهذا العلم، وفاتحا باب التأليف فيه إذ جاء كتاب مفتاح العلوم لأبي يعقوب السكاكي الذي قسم البلاغة على علوم البيان والمعاني والبديع، ومع ذلك فإن البلاغة بقيت تتسم بالصعوبة والتعقيد

---

(1) جواهر البلاغة، أحمد الهاشمي ص 40.

وبخاصة عندما تناولها بعضهم على شكل قوالب جامدة لم تعتمد فيها الدراسة التحليلية والذوقية مما أدى إلى أن تظل البلاغة في مدارسنا وجامعاتنا مجرد حفظ للنصوص، والتعاريف، والشواهد، والمصطلحات التي تحول درس البلاغة إلى درس في الألغاز يحتاج إلى حل ولكن بعد جهد مضنٍ. ومع ذلك فهناك من يقول إن الصعوبة ليست في مادة البلاغة نفسها، وإنما في طريقة عرضاه في المؤلفات وفي طريقة تدريسها، إذ غالبا ما تؤدي الطرائق المعتمدة في تدريس البلاغة إلى الإخفاق في الوصول بالطلبة إلى الغاية المرجوة منها.

ويعد التذوق الأدبي الحصيلة النهائية لدراسة الأدب والبلاغة والنقد، وهو يعني قدرة الفرد في إدراك ما في النص الأدبي من ضعف وقوة، وقبح وجمال، ولكن لا يدركه إلا باعتماد مقومات البلاغة فالمتذوق للأدب يقدر قيمة اللفظ، ويتعرف الأساليب الجيدة وتهتز مشاعره بالتعبيرات التي تزينها محاسن البلاغة والبيان والخالية من الأخطاء اللغوية والنحوية، ويستشعر أخيرا أهمية الأدب في الحياة عموما.

أسس تدريس البلاغة

يقوم تدريس البلاغة على أسس عامة ينبغي على مدرس البلاغة أن يدركها ويؤمن بها، ويكون حريصا على تنفيذها، ومن هذه الأسس:

- أن تكون البلاغة ذات صلة وثيقة بالنصوص الأدبية والنقد، إذ بهذه الصلة نتجه بالبلاغة اتجاها ذوقيا خالصا، ومن الخطأ فصل البلاغة عن الأدب، لأن فصلها يعني معاملتها معاملة النحو في عرض الامثلة واستنباط القواعد، وهذه طريقة غير صالحة في تدريس فن يعتمد الذوق والإحساس.
- أن يتم الوصول إلى الظاهرة البلاغية بعد فهم النصوص الأدبية فهما جيدا، فالطالب لا يدرك أسرار الجمال في النص إلا بعد فهم دقيق لمعاني النص وصوره الفنية، أي أن النص يخضع أولا للقراءة الجيدة، وفهم المعنى، والتحليل، وعقد الموازنات، والمقارنات، ثم تذوق النص وتمثله.

- أن يربط الوحدات البلاغية ويتم الربط هنا أولا بين عناصر كل وحدة والمقصود بالوحدة البلاغية هنا هي مجموعة الموضوعات التي تكون غايتها واحدة، فالجناس والسجع والازدواج وحدة تؤدي إلى الانسجام الصوتي بينما الأمر والنهي والاستفهام وحدة تؤدي إلى الطلب.
- أن يتمرن الطلبة تمرينا كافيا على الصور البلاغية، فدروس البلاغة لا تحقق الغرض المنشود إلا بالتدريب المستمر على الصور البلاغية والحقيقة ان خير ما يتدرب عليه الطلبة آيات من القرآن الكريم، والأحاديث النبوية الشريفة، ومختارات من عيون الشعر، ومختارات من جيد النثر.
- جعل الطلبة يتلمسون ما في النصوص من ظواهر بلاغية، وهذا لا يعني غياب دور المدرس، فهو الذي يساعد ويشارك في التحليل والنقد والموازنة، والكشف عن الظواهر البلاغية ومع ذلك أن يراقب الطالب نفسه عند قراءته نصا أدبيا ويتأمل معها أنه يشعر بالنشوة والطرب والاستحسان، ويعمل التفكير في مصادر هذا الإحساس، عندها يمكن القول ان طالبا من هذه النوع بدأ يتذوق الجمال في النصوص الأدبية.
- أن يكون المدرس حريصا على إبراز العلاقة البلاغية والجانب النفسي والاجتماعي للأديب، أي إدراك لماذا يكثر أديب ما في الدعوة إلى الجود والانفاق؟ ولماذا يكثر أديب آخر في الدعوة إلى الحرص ولماذا يذهب ثالث في الدعوة إلى الانتقام والأخذ بالثأر؟ إننا نجد صوراً شتى وتعابير كثيرة لدى الأدباء، ولكن هذه التعابير والصور تحكمها الحالة النفسية والاجتماعية للشاعر أو الأديب، أم نجد شاعرا يصور الشمس بأنها المصدر الخصب والنماء بينما نجد شاعراً آخر يصورها مصدر اللهيب والحرائق.
- العمل على توثيق الرابطة بين البلاغة وفروع اللغة الأخرى فاللغة العربية كما هو معروف لغة متماسكة إذ لا فصل بين الأدب والبلاغة والرابطة

قوية بين البلاغة والقراءة، وبين البلاغة والتعبير إذ يمكن ان تكن المادة المقروءة مادة لدراسة بعض الصور البلاغية وفي التعبير تنتشر العيوب، وتزداد المآخذ عندما لا يحكم الطالب الذوق الأدبي فيما يقول أو ينشئ.

أهداف تدريس البلاغة

1- تمكن الطلبة من استعمال اللغة في نقل أفكارهم بطريقة تسهل على الآخرين إدراكها وتمثلها والتأثر بها.

2- تنمية قدرة الطلبة على فهم الأفكار التي تضمنتها الآثار الأدبية وإدراك ما فيها من صور الجمال.

خطوات تدريس البلاغة

من المعلوم أن موضوع البلاغة يدرس في الفرع الأدبي من المرحلة الإعدادية ونظرا لصعوبة البلاغة إذ أنها تقوم على تحليل النصوص الأدبية ونقدها وتذوقها ولكونها درسا جديداً فإن عملية استقراء الأمثلة والقاعدة البلاغية ليست عملية سهلة ومن هنا يلجأ المدرس إلى اتباع الطريقة الأخرى في تدريس البلاغة وهي الطريقة القياسية، لقد مر بنا في تدريس القواعد النحوية أن إحدى الطرائق المتبعة في تدريسها هي الطريقة القياسية، وتقوم هذه الطريقة على انتقال الفكر من الحكم على كلي إلى الحكم على جزئي أو جزئيات داخلة تحت هذا الكلي.

ولذلك يذكر في تدرس البلاغة وفق هذه الطريقة القانون البلاغي أو القاعدة البلاغية، وتقدم هذه القوانين أو القاعدة جاهزة إلى الطلبة لتطبق على الأمثلة والحقائق الجزئية التي تصدق عليها هذه القواعد والقوانين.

وبناء على ما تقدم فإن خطوات تدريس البلاغة هي:

1- **التمهيد:** يذكر ان المدرس في عملية التمهيد بالدرس السابق، ويقوم بالتعاون مع الطلبة لربطه بالدرس الجديد.

2- **عرض القاعدة:** تكتب القاعدة كاملة أو مجزأة بحسب نوع الموضوع، ويوجه انتباه الطلبة نحو القاعدة بحيث يشعر الطلبة بأن هناك مشكلة

بلاغية تخاطب أفكارهم، فلابد من البحث والتأمل في هذه المشكلة، ويؤدي المدرس هنا دوراً مهما في التوصل إلى حل هذه المشكلة ولا يتم ذلك في الواقع إلا بتدريب الطلبة وتمرينهم المتواصل على تذوق النصوص الأدبية التي تشكل نقطة البداية في فهم البلاغة.

3- **تفصيل القاعدة:** ينبغي على المدرس في هذه الخطوة أن يُهيِّئَ الاسئلة التي تنطبق على القاعدة البلاغية انطباقا تاما، ومن المعروف أن الأمثلة البلاغية مأخوذة عامة من نصوص القرآن الكريم أو الحديث النبوي الشريف أو من عيون الشعر العربي أو من منثور الكلام العربي هنا يتعاون المدرس مع طلبته في شرح النصوص وتحليلها تحليلا دقيقا كي يتمكنوا من مطابقة هذه الأمثلة على القاعدة البلاغية ويتضح هنا أن المدرس هو المحور أو المحرك الرئيس في درس البلاغة.

4- **التطبيق:** بعد أن يضرب المدرس أمثلة كثيرة ووافية، يكون الطلبة قد توصلوا إلى شعور بصحة القاعدة البلاغية وجدواها، والتطبيق على القاعدة أكثر ما يكون بضرب أمثلة مناسبة، يطلب المدرس فيها من الطلبة الاستفادة من القاعدة للتوصل إلى فهم هذه الأمثلة بعد تحليلها.

خطة في تدريس البلاغة

اليوم_____ الموضوع_____ الصف أو الشعبة_______

التاريخ_____ الحصة__________

الهدف العام:

1- تمكن الطلبة من استعمال اللغة في نقل أفكارهم بطريقة تسهل على الآخرين إدراكها وتمثلها.

2- تنمية قدرة الطلبة على الأفكار الأدبية وإدراك الجمال فيها.

الهدف الخاص: يؤخذ من الموضوع المعني.

خطوات الدرس:

1- **التمهيد:** يبين المدرس كيفية التمهيد للدرس الجديد كأن يعطي أمثلة من الدرس السابق. (5) دقائق.

2- **عرض القاعدة:** يثبت المدرس القاعدة كاملة ومنظمة في الخطة. (5) دقائق.

3- **تفصيل القاعدة:** يوضح المدرس كيفية تفصيل القاعدة متسلسلة مع أمثلتها التي توضح الموضوع. (30) دقيقة.

4- **التطبيق:** يثبت المدرس الأمثلة أو الأسئلة التطبيقية (5) دقائق.

درس نموذجي لتدريس الاستعارة التصريحية والمكنية

اليوم_____   الموضوع:الاستعارة بنوعيها الصف والشعبة:الخامس الأدبي (أ)

التاريخ_____   الحصة: الثالثة

الهدف العام: ثابت في جميع الخطط.

الهدف الخاص:

1- تمكين الطلبة من التعبير عن معنى معين بطرق وأساليب مختلفة.

2- تمكين الطلبة من معرفة التشبيه في علم البيان.

3- تمكين الطلبة من التمييز بين الكلام الحقيقي والكلام المجازي.

4- تمكين الطلبة من استخدام الاستعارة في كتاباتهم النثرية أو الشعرية استخداما سليما.

خطوات الدرس:

1- **التمهيد:** تناولنا في الدرس الماضي الحقيقة والمجاز وعرفنا أن المجاز اللغوي هو استعمال الكلمة في غير ما وضعت له وتكون العلاقة فيه إما علاقة تشابه ويسمى المجاز هنا (استعارة) وهذا هو موضوع درسنا اليوم، وأما علاقة مرسلة ويسمى المجاز هنا (مرسلاً) ومن أمثلة ذلك.

طالب: طار الطالبُ فرحاً عندما علم بنجاحه.

المدرس: نعم استعمل زميلكم كملة (طار) في غير موضعها الحقيقي وأراد بها الإسراع كالطير في حركته وطيرانه إذ عبر عن حالة الفرح والسرور بالطيران.

2- و3- **عرض القاعدة وتفصيلها:**

أولا: الاستعارة مجاز علاقته المشابهة أو هي تشبيه حذف أحد طرفيه وتسمى الاستعارة التصريحية إذا صرح فيها بذكر المشبه به مثل قال تعالى (**كِتَابٌ أَنْزَلْنَاهُ إِلَيْكَ لِتُخْرِجَ النَّاسَ مِنَ الظُّلُمَاتِ إِلَى النُّورِ**)(ابراهيم: من الآية1) التحليل البلاغي: يخاطب الـلـه سبحانه وتعالى رسوله الكريم محمداً صلى الـلـه عليه وسلم بأن أنزل إليه الكتاب إلى القرآن الكريم، ومهمة هذا الكتاب تبصير الناس إلى الحقيقة، والقرآن الكريم بيد الرسول الكريم محمد صلى الـلـه عليه وسلم أن يخرج الناس من الظلمات وكلمة (الظلمات) هنا يقصد بها (الضلال) فاستخدمت في غير معناها، ويراد (بالنور) هنا (الهدى والإيمان) من خلال ما تقدم نجد أن الـلـه سبحانه وتعالى شبه الناس التائهين الضالين الجاحدين من حيث حالهم كمن يعيش في نور فحذف هنا التشبيه الذي هو في الأولى (الضالون) وفي الثانية (المؤمنون أو المهتدون) ولما صرح بالمشبه به فالاستعارة هنا تصريحية والمشبه به هو الذي يأتي بعد حرف الجر (الباء) في المعادلة الثانية التي تقول فيها (شبه كذا بكذا).

مثال آخر: قال المتنبي:

فلم أر مثلي من مشى البحر نحوه ولا رجلا قامت تعانقه الأُسدُ

التحليل البلاغي: يقول المتنبي مادحا بأنه لم ير قبله إنسانا مشى نحوه البحر والبحر هنا الرجل الكريم الذي تجاوز البحر جودا، ويقول أيضا: ولم أر رجلا نهضت الأسود لمعانقته... إن المتنبي هنا بقدر ما يمدح فإنه يفخر بنفسه وبمكانته، إذ يقوم الكرام بمقابلته والأبطال الشجعان لمعانقته.

لقد استخدم الشاعر لفظتي (البحر والأسود) في غير معنيهما إذ شبه الكريم بالبحر، وشبه البطل الشجاع بالاسد، وقد حذف المشبه وصرح بالمشبه به فالاستعارة هنا

تصريحية.

ثانيا: الاستعارة المكنية هي الاستعارة التي حذف به المشبه به، وذكر لازم من لوازمه، مثال قال تعالى (رَبِّ إِنِّي وَهَنَ الْعَظْمُ مِنِّي وَاشْتَعَلَ الرَّأْسُ شَيْباً)(مريم: من الآية4).

التحليل البلاغي: الآية على لسان زكريا عليه السلام يقول يا رب أنه قد ضعف عظمه ويريد بذلك الشيخوخة والهرم والعجز وكبر السن وقد ابيض شعر رأسه نتيجة لذلك فبياض الشعر من علامات الشيخوخة.

إن الله سبحانه وتعالى قال (اشتعل الرأس) إذ شبه بياض الشعر بنار مشتعلة وحذف النار التي هي المشبه به وذكر لازمة من لوازمها وهو (الاشتعال) وذكر المشبه (الرأس الأبيض) فالاستعارة مكنية، ويلاحظ أن تعبير (اشتعل الرأس) تعبير مجازي فالاشتعال لا يكون إلا للنار.

مثال آخر قال المتنبي:

| ولما قلنا للإبل امتطينا | إلى ابن ابي سليمان الخطوبا |

التحليل البلاغي: يمدح المتنبي هنا ابن أبي سليمان قائلا: أنه سيأتيه ليمدحه حتى ولو عزت الراحلة فهو يركب المصاعب والمشاق وما يلاقيه من أهوال السفر حتى يصل إليه. استعمل المتنبي هنا (امتطينا، الخطوبا) ويقصد بالخطوب الأمور الشديدة والصعبة، فشبه ركوب الخطوب بركوب الإبل، أي أنه شبه الخطوب بالإبل، فحذف المشبه به وهو (الإبل) وذكر لازما من لوازم المشبه به وهو (الامتطاء أو الركوب) فالاستعارة مكنية.

4- **التطبيق:** وضح نوع الاستعارة فيما يأتي مع بيان السبب:

أ- قال تعالى (وَاخْفِضْ لَهُمَا جَنَاحَ الذُّلِّ مِنَ الرَّحْمَةِ وَقُلْ رَبِّ ارْحَمْهُمَا كَمَا رَبَّيَانِي صَغِيراً) (الاسراء:24).

ب- قال الشاعر:

| يا كوكبا ما كان أقصر عمره | وكذاك عمر كواكب الأسحار |

التنظيم السبوري

اليوم ـــــــــ	الموضوع: الاستعارة	الصف الخامس الأدبي (أ)
التاريخ ـــــــــ		الحصة الثانية

أولا: الاستعارة مجاز علاقته المشابهة أو هي تشبيه حذف أحد طرفيه وتسمى الاستعارة تصريحية اذا صرح فيها بذكر المشبه به.

1- قال تعالى (كِتَابٌ أَنْزَلْنَاهُ إِلَيْكَ لِتُخْرِجَ النَّاسَ مِنَ الظُّلُمَاتِ إِلَى النُّورِ)(ابراهيم: من الآية1).

2- قال المتنبي:

فلم أر قبلي من مشى البحر نحوه

ولا رجلا قامت تعانقه الأسد

ثانيا: الاستعارة المكنية هي الاستعارة التي حذف فيها المشبه به وذكر لازم من لوازمه

1- قال تعالى: (قَالَ رَبِّ إِنِّي وَهَنَ الْعَظْمُ مِنِّي وَاشْتَعَلَ الرَّأْسُ شَيْباً)(مريم: من الآية4).

2- قال المتنبي:

ولما قلت الإبل امتطينا

إلى ابن أبي سليمان الخطوبا

الفصل الثامن

التخطيط والتقويم

- أهمية التخطيط.

- كيفية إعداد الخطة.

- التقويم – النظرية القديمة والحديثة.

- أساليب التقويم.

التخطيط والتقويم

يقوم واضعو المناهج عادة بعملية مغازلة بين المواد بحسب حجمها أو قيمتها، أو أثرها، في حياة الطلبة من جهة، وحياة المجتمع من جهة أخرى، وأنهم يقومون بتوزيع الخطة العامة منطلقين من هذه الموازنة.

إن الأساس في وضع الخطط إنما يتحدد بالأنشطة التعليمية التي يمكن عن طريقها الوصول إلى الأهداف، وان التقويم يقوم بتقدير قيمة تلك الخطط وأثرها، ويأتي التقويم في الواقع بالنتيجة ليقدر الآثار التعليمية الفعلية للأنشطة على أساس تلك الخطط.

أهمية التخطيط

تتجلى أهمية التخطيط في النقاط التالية:

1- إن التخطيط يوفر الوقت للمعلم وللمتعلم على حد سواء.

2- إن التخطيط يوفر الجهد على المعلم والمتعلم أيضا.

3- يحمي التخطيط الطلبة من اضرار ناجمة عن التعليم المضطرب والمرتبك وسوء الفهم واضطراب الذهن وضعف ترتيب المعلومات وتشويش الأفكار.

4- إن التخطيط يعود الطلبة النظام والانتظام في العلم والاتقان وحسن البحث والاعتماد على النفس، والاستقلال في التفكير.

5- انه ينمي ثقة المدرس وينمي ثقة الطلبة بأنفسهم أيضا.

6- إن التخطيط يرسخ المعلومات في أذهان الطلبة من غير إجهاد.

7- إن التخطيط يثير الدافع لدى الطلبة نحو التعلم وكذلك يستثير شوقهم.

8- يقلل التخطيط من التعب العقلي والجسمي لدى الطلبة.

9- يعمل التخطيط على تعويد الطلبة التأني وعدم التسرع في إصدار الأحكام.

10- يوصل التخطيط إلى الهدف النهائي وهو تهذيب السلوك لدى الطلبة الذي نرمي إليه في عملية التعلم.

كيفية إعداد الخطة

من المعلوم أن كل خطة يجب ان تشمل على عناصر أساسية من أهمها اشتمالها على أهداف معينة، وواجب، وخلاصة واسئلة ووسائل إيضاح ووسائل تشويق، ووسائل قياس النتائج، وتوزيع الوقت والانتباه إلى خبرة الطلبة السابقة.

أما أسلوب تنظيم الخطط وترتيبها فلا يجب أن يكون محدودا مقيدا بل يترك أمر التصرف فيها إلى واقع الخطة نفسه، ومع ذلك فإن كل خطة يجب أن تتضمن ما يأتي:

1- الغاية وفيها يضع المخطط ما يستهدفه أو ينوي الوصول إليه.
2- وضع مقدمة وفيها يوضح عملية اعداد المتعلم للمادة الجديدة.
3- العرض ويتضمن الطريقة والاسئلة وتصنيف المادة.
4- الخلاصة وفيها ترتبط أجزاء الخطة بعضها ببعض بصورة مختصرة.
5- الملاحظات العامة وهي التي تتعلق بالوسائل المعينة التي لا تدخل ضمن النقاط السابقة.

وعلى صعيد التدريس فإن خطة التدريس تعنى بالعنوان الذي يعطي إلى الشرح الموجز لكل ما يراد إنجازه في الصف، والوسائل المعينة التي تستخدم لهذا الغرض بوصفها نتيجة لما يحدث من الفعاليات في أثناء عرض المادة، وهذا يعني أن المدرس يركز على ما يأتي:

1- النتائج التي يحصل عليها فيما يتعلق بالطلبة.
2- الطرائق والاساليب المعينة في خطة الدرس.
3- تأكيد الفعاليات التي يقوم بها الطلبة في الوقت الذي يكون فيه المدرس مرشدا وموجها.

وعلى ذلك فإن خطة الدرس يمكن ان تعطي الفوائد الآتية:

1- أنها تضمن تحقيق الأهداف.
2- انها تضمن ربط الدرس السابق بالدرس اللاحق ربطا صحيحا.

3- أنها تضمن انتخاب المادة الدراسية والتدريسية والفعاليات وتنظيمها.

4- توجيه انتباه المدرس إلى أفضل أنواع الطرائق التدريسية.

5- إن خطة الدرس تتضمن تلخيصات جيدة لذلك الدرس.

6- أنها تساعد المدرس على فحص نتائج التعليم زيادة على أنها تحفز المدرس على وضع الأسئلة الاساسية والعمل على توجيه أجزاء الدرس وتعيين الواجب.

التقويم

هناك عدة تعريفات للتقويم فقد عرفه بعضهم بأنه عمليات تلخيصية وصفية يؤدي بها الحاكم على قيمة الشيء دورا كبيرا كما هو الحال في إعطاء الطلبة تقديراتهم، ويرى آخر أن التقويم عملية منهجية تحدد مدى تحقيق الأهداف التربوية ويتضمن وصفا كميا ونوعيا زيادة على الحكم على قيمته، ويرى ثالث ان التقويم عملية مستمرة وضرورة يقصد بها تلخيص أهداف التدريس وطرائقه والمناهج والوسائل المستخدمة في التدريس لمعرفة درجة فاعليتها.

إن عملية التقويم في الواقع تقوم على جانبين مهمين هما: الوصف ويعني دراسة الشيء المراد تقويمه دراسة عميقة، والحكم وهو إصدار الحكم على أساس المقارنة بين خصائص الشيء الذي توصلنا إليه بقياس وبين معايير سبق تحديدها، إننا نقوم بعملية التقويم لتحقيق ما يأتي:

1- تسهل تعلم الطلبة.

2- تسهل عملية التدريس.

3- تثمين المنهج وإعطاء أحكام عنه.

4- تقويم التعلم.

5- التثبت من السيطرة على المشروع التربوي المراد دراسته.

وتتجلى أهمية التقويم أخيرا بتقدير نتائج تعلم الطلبة أو تحديد قيمة المنهج والحكم على جدوى الترتيبات الإدارية والتنظيمية والممارسات التي تعمل المدرسة

ضمنها.

التقاويم النظرية القديمة والحديثة

يعد التقويم عملية حديثة في التربية إذ أنه يعنى تفقد وزن القيم التي تحتويها العمليات التربوية المختلفة، والتقويم بمفهومه القديم هو عبارة عن الامتحانات التقليدية، التي لا تعنى إلا بناحية واحدة من نواحي العملية التربوية كأن تفحص الناحية المعرفية لدى الطلبة، إن النظرية الحديثة للتقويم تأخذ معناها الشامل أنها تعني بصحة الطالب الجسدية والنفسية وميوله واتجاهاته وألعابه وهواياته ومعلوماته المختلفة ورغبته في الاستزادة من العلم وقدرته على الابتكار والإبداع وميله إلى الفنون وصداقاته وعلاقاته في الأسرة والمدرسة، وعلاقاته ونشاطه في المجتمع... إلى غير ذلك مما تحتاج إليه الشخصية النامية الناضجة التي تجمع أنواع النمو المعرفي والفني والاجتماعي والوطني.

فعلى صعيد التدريس مثلا يهتم التقويم بالمناهج الدراسية وبناية المدرسة والكتب المقررة والمكتبة المدرسية والألعاب الرياضية والامتحانات والإدارة والإشراف التربوي وطرائق التدريس وجدول الدروس والسنة الدراسية والعطل المدرسية والتجهيزات والوسائل التعليمية، ومستوى المعلمين والمدرسين وكفاية الإدارة وعلاقتها بالمدرسة والطلبة واعتزاز الطلبة بمدرستهم ومقدار رغبتهم في خدمتها وتطويرها وغير ذلك الكثير.

واستنادا إلى ذلك فإن عملية التقويم بمفهومهما الحديث عملية واسعة مستمرة لا تقف عند حد معين لعدم وجود حد معين للتطور أو النمو التربوي، والتقويم الحديث يتصف بخصائص معينة من أهمها الشمول والاتساع والاستمرار والتعاون والاختصاصية الديمقراطية والنتائج التي يؤديها.

أساليب التقويم

يختلف الباحثون والتربويون في الأساليب التي ينبغي أخذها بنظر الاعتبار للوصول إلى النتيجة النهائية المتوخاه من التقويم، فمن الأساليب ما يتبع خطوات تؤدي

إلى الحصول على النتيجة النهائية بوساطة الظروف القائمة أي (ما هو كائن) ثم الهدف المنشود أي (ما ينبغي أن يكون).

وهناك أسلوب التقويم الذي يقوم على تقدير الحاجات وهو في الواقع محاولة منظمة لتحديد العوامل ذات العلاقة بتلك الحاجات، وأن هذه الأسلوب يبنى على أساس أن التربية وجدت لتلبية حاجات المتعلمين وحاجات المجتمع لان تقدير الحاجات على وفق هذا الرأي يساعد على ما يأتي:

1- تحديد هل كان المتعلم قد حصل على المهارات والمعرفة والاتجاهات التي وضعتها الأهداف التربوية.

2- تشخيص المتعلمين الذين لم يتمكنوا من الوصول إلى المستوى المناسب لمرحلتهم.

3- تعريف الأساليب التي أدت إلى عدم تحقيق المتعلم لما هو متصل بالهدف التربوي أو هدف النمو.

4- تقرير نوع البرنامج التربوي المطلوب للوفاء بحاجات المتعلم.

5- استخدام المصادر التربوية بطريقة تكون أكثر فاعلية في التأثير في المتعلمين.

وعلى سبيل المثال هناك أسلوب تقويم البرنامج المدرسي ويقصد به ما يدرسه الطالب من موضوعات ومواد دراسية ومحتوى هذه المواد، وتبدو هنا طريقة اختيار المحتوى وتنظيمه ضرورية إذ يمكن ان تتم على أساس معايير معينة منها:

1- معايير اختيار المحتوى وتشمل صدق المادة الدراسية وأهميتها والتوازن بين السعة والعمق وشمولية الأهداف ومراعاة المحتوى لاهتمامات الطلبة وميولهم واتساقه مع الواقع الاجتماعي وإمكانية تقويمه.

2- معايير تنظيم المحتوى إذ ينبغي أن تتضمن التتابع والاستمرار والتكامل والسعة والتراكم والمرونة.

3- أما الكتاب المدرسي فهو الأداة المهمة التي عند تقويمها تبغي مراعاة جملة أمور، أمور مهمة منها: الفلسفة التربوية للكتاب وضرورة ملاءمتها

لروح العصر، وان تكون الاتجاهات المضمنة فيه مرغوبا فيها اجتماعيا، وان تكون المعلومات الاساسية والمفاهيم والمهارات ملائمة لمستوى الطلبة، وان يكون موافقا للمنهج المقرر وأن يكون مسترشدا بأهداف المرحلة المعد لها، وأخيرا ان تكون خبراته مرتبطة بالحياة وممكنة التطبيق.

ومن وسائل التقويم المعروفة الاختبارات التحصيلية التي يمكن من خلالها التوصل إلى تحديد الكم الذي حصل عليه الطالب من المقرر الدراسي وتحديدا الكيف كذلك.

ونظرا لأن هذا النوع من الاختبارات نشاط تقويمي معروف على صعيد التحصيل في اللغة العربية فسوف نسوق أمثلة من هذا النوع من الاختبارات المتبعة في مجال تدريس اللغة العربية منها:

1- **اختبار المقال:** سمي بهذا الاسم لان الإجابة عن السؤال تقتضي كتابة موضوع أو عرضا تحريريا للإجابة فمثلا الاختبار المقالي في الأدب يتيح عادة موازنة بين شيئين كأن تدور حول نصين يوازن الطالب بينهما من حيث الدقة في التصوير والطرافة في التعبير. ولكي يكون اختبار المقال جيدا يجب ان تحدد صيغة السؤال فيه بدقة وان يربط الاختبار بأهداف المنهج ومستويات النمو وان يبتعد عن استخدام المصطلحات الغامضة، وان تعد إجابة نموذجية عنه.

2- **اختبار الاختيار من متعدد:** يقدم هذا النوع من الاختبارات للطالب مشكلة تعرض حولها عدة بدائل وغالبا ما تكون أربعة بدائل احد هذه البدائل يمثل الإجابة الصحيحة ومثال ذلك قول الشاعر:

واحر قلباه ممن قلبه شبم   ومن بجسمي وحالي عنده سقم

إن قائل هذا البيت هو: بشار، البحتري، أو تمام، الفرزق.

3- **اختبار الصواب والخطأ:** يتضمن هذا النوع من الاختبارات عبارة لحقائق تاريخية أو فكرية أو رقمية، ويطلب من الطالب تحديد أكانت العبارة صوابا ام خطأ مثال ذلك:

عاش حسان بن ثابت في العصر الأموي، يعد كعب من زهير من شعراء المعلقات، يعد كتاب الأيام لـ(طه حسين) مثلا للترجمة الذاتية.

4- **اختبار التكملة:** وهو يشبه اختبار قياس التذكر والاستدعاء وهذا النوع من الاختبارات سهل الوضع والصياغة، ويمكنه تغطية مساحة كبيرة من المنهج، وأنه يقيس قدرات الطلبة على الاستنباط والاستنتاج وربط المفاهيم. مثال ذلك:
الإسلام يبني الحياة الصحيحة........، الفعل (يبني) مرفوع لأنه .... وعلامة الرفع........

5- **اختبار المزاوجة:** وفيه يطلب من الطالب قراءة عمودين من العبارات، ثم يطلب من المزاوجة بينها لقياس قدرته على إدراك المعاني والعلاقات والاستنتاج ولكن يعاب على هذا النوع من الاختبارات أنه لا يقيس كل المستويات العقلية.

المصادر

1- الألوسي عبد الجبار عبد الله، وآخرون كتاب الإملاء في المرحلة المتوسطة، جمهورية العراق، وزارة التربية ط 10 مديرية مطبعة التربية 3/ بغداد، 1990.

2- آل ياسين، محمد حسين، مبادئ في طرق التدريس العامة، المطبعة العصرية للطباعة والنشر صيدا، 1968.

3- ابراهيم عبد الحليم، الموجه الفني لمدرسي اللغة العربية، ط4، دار المعارف بمصر القاهرة، 1968.

4- ابن جني، الخصائص، تحقيق محمد علي النجار، ط 2، ج3، بيروت، من غير تاريخ.

5- ابن خلدون، عبد الرحمن بن محمد، المقدمة، الطبعة البيروتية، مكتبة المثنى، بغداد، من غير تاريخ.

6- أبو مغلي، سميح، الأساليب الحديثة لتدريس اللغة العربية، ط2، دار مجدلاوي للنشر والتوزيع، عمان 1986.

7- أبو المكارم، فهمي، تقويم الفكر النحوي، دار الثقافة، بيروت، من غير تاريخ.

8- أحمد، محمد عبد القادر، طرق تعليم التعبير، ط1، مكتبة النهضة المصرية، القاهرة، 1985.

9- أحمد، محمد عبد القادر، طرق تعليم اللغة العربية، ط5، مكتبة النهضة المصرية، القاهرة، 1986.

10- أمين، عثمان، في اللغة والفكر، معهد البحوث والدراسات العربية.

11- بحري، منى يونس وعايف حبيب، المنهج والكتاب المدرسي، مطبعة جامعة بغداد، بغداد 1985.

12- الجاحظ، أبو عثمان عمرو بن بحر، البيان والتبيين، ج2، ط4، تحقيق عبد السلام محمد هارون، مكتبة الجاحظ، بيروت ، من غير تاريخ.

13- الجمبلاطي، علي، أبو الفتوح التوانسي. الاصول الحديثة لتدريس اللغة العربية والتربية الدينية، ط2، دار نهضة مصر للطبع والنشر، القاهرة 1975.

14- جمهورية العراق، وزارة التربية، المطالعة والنصوص للصف الأول المتوسط. ط 8، مديرية مطبعة وزارة التربية/2، بغداد 1987.

15- الجواري، أحمد عبد الستار، نحو التيسير، دراسة ونقد منهجي، مطبعة المجمع العلمي العراقي، بغداد، 1984.

16- حسن، عبد الحميد. القواعد النحوية مادتها وطريقتها، ط2، مكتبة لانجو المصرية، مطبعة العلوم، القاهرة، 1952.

17- الحصري، ساطع، دروس في أصول التدريس، ج1، ط8، طبع دار الكشاف، بيروت، 1956.

18- حمادي، حمزة عبد الواحد، دراسة مقارنة لأثر أسلوبي تدريس اللغة العربية التقليدي والتكاملي، جامعة بغداد، كلية التربية/ بغداد، 19869 (رسالة ماجستير غير منشورة)

19- الحمداني، موفق، اللغة وعلم النفس دراسة للجوانب النفسية للغة، مطبعة دار الكتب للطباعة والنشر/ جامعة الموصل، الموصل 1982.

20- خاطر، محمود رشدي، الاتجاهات الحديثة في طرق تعليم القواعد، مجموعة المحاضرات التي ألقيت في مؤتمر مفتشي اللغة العربية بالمرحلة الإعدادية سنة 1975، دار المعارف، مصر 1975.

21- خليل، ياسين، منطق اللغة نظرية عامة في التحليل.

22- الدليمي، طه علي حسين، تحليل الجملة في تدريس قواعد اللغة العربية وأثره في التحصيل وفي تجنب الخطأ النحوي. جامعة بغداد/ كلية التربية/ بغداد، 1989، (رسالة دكتوراه غير منشورة).

23- الدليمي، كامل محمود نجم، أسلوب المواقف التعليمية وأثره في تحصيل تلاميذ الصف الخامس الإبتدائي في قواعد اللغة العربية، جامعة بغداد، كلية التربية، بغداد، 1989، (رسالة دكتوراه غير منشورة).

24- ديب، وديع، نحو جديد، ط1، بيروت، 1959.

25- السامرائي، إبراهيم، في سلامة اللغة العربية المعلم الجديد، المجلد (39) مطابع ثنيان، بغداد، 1987.

26- سعيد، عبد الوارث مبروك، في إصلاح النحو العربي، دراسة نقدية ط1، دار القلم، الكويت، 1985.

27- سمك، محمد صالح، فن التدريس للغة العربية وانطباعاتها المسلكية وانماطها العلمية، مطبعة الأنجلو المصرية، القاهرة، 1975.

28- السيد، محمد أحمد، الموجز في طرائق تدريس اللغة العربية وآدابها، ط 1 دار العودة، بيروت، 1980.

29- السيوطي، عبد الرحمن جلال الدين، المزهر في علوم اللغة وأنواعها، ج1، تحقيق محمد أحمد جاد المولى وآخرين، دار إحياء الكتب العربية، من غير تاريخ.

30- شحاته، حسن وآخرون، تعليم اللغة العربية والتربية الدينية، ط 6، دار أسامة للطبع، القاهرة، 1988.

31- الشبلي، إبراهيم وآخرون، مقدمة في المناهج لمعاهد المعلمين، وزارة التربية، بغداد، 1977.

32- الطاهر، على جواد، تدريس اللغة العربية في المدارس المتوسطة والثانوية، مطبعة النعمان، النجف الأشرف 1969.

33- ظافر، محمد اسماعيل، ويوسف الحمادي، التدريس في اللغة العربية، دار المريخ للنشر، الرياض، 1984.

34- عبد القادر، حامد، النهج الحديث في أصول التربية وطرق التدريس الخاصة بفروع اللغة العربية، مكتبة النهضة المصرية، القاهرة.

35- عبده، داود عطية، نحو تعليم اللغة العربية وظيفيا، ط1، مؤسسة دار العلوم، الكويت 1979.

36- العزاوي، نعمة رحيم، من قضايا تعليم اللغة العربية، رؤية جديدة مطبعة وزارة التربية/3، بغداد 1988.

37- فايد، عبد الحميد، رائد التربية العامة وأصول التدريس- ابتدائي- ثانوي، ط 3، دار الكتاب اللبناني، بيروت، 1975.

38- قورة، حسين سليمان، تعليم اللغة العربية والدين الإسلامي ط 3، دار المعارف القاهرة، 1986.

39- الكرباسي، موسى إبراهيم، دراسات في أساليب تدريس اللغة العربية في مرحلة الدراسة الابتدائية، مطبعة الأدب، النجف الأشرف، 1971.

40- لويس، م.م. اللغة في المجتمع، ترجمة تمام حسان، دار إحياء الكتب العربية 1959.

41- مجاور، محمد صلا الدين علي، تدريس اللغة العربية في المرحلة الثانوية أسسه وتطبيقاته التربوية، ط 1، دار المعارف، مصر 1969.

42- محيي الدين، عبد الرازق، تيسير النحو العربي، مجلة المجتمع العلمي العراقي، المجلد الثامن والعشرون، مطبعة المجمع العلمي العراقي، بغداد 1977.

43- معروف، نايف محمود، خصائص العربية وطرق تدريسها ط 1، دار النفائس بيروت 1985.

44- نشواتي، عبد المجيد، علم النفس التربوي، ط 2، دار الفرقان للنشر والتوزيع، الأردن 1985.

45- الهاشمي، عايد توفيق الموجه العملي لمدرسي اللغة العربية، ط 2، مؤسسة الرسالة، بيروت 1982.

46- الهنداوي، خليل، تيسير الإنشاء، ط10، مكتبة الشرق، بيروت، من غير تاريخ.

47- وافي، علي عبد الواحد، نشأة اللغة العربية عند الإنسان والطفل، مطبعة العالم العربي، القاهرة، 1971.

48- يحيى، محمد مصطفى، القراءة وطرائق تعليم المبتدئين، مطبعة أسعد، بغداد، 1968.

49- يونس: فتحي علي، ومحمود كامل الناقة، أساسيات تعليم اللغة العربية، دار الثقافة للطباعة والنشر، القاهرة 1977.

50- يونس: فتحي علي، وآخرون، أساسيات تعليم اللغة العربية والتربية الدينية، دار الثقافة للطباعة والنشر، القاهرة 1981.

51- يونس، فتحي علي، اللغة العربية والدين الإسلامي في رياض الأطفال والمدرسة الابتدائية تعيينات تدريبية، دار الثقافة للطباعة والنشر، القاهرة، 1984.

- Richards, J.C. and Rodgers, T.s. Approaches and Methods in Language teaching. Cambridge University Press, Cambridge.

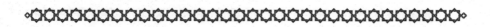

فهرس

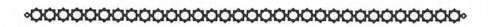

تم بحمد الله

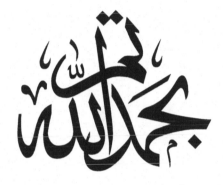

Printed in the United States
By Bookmasters